Otto Grautoff
Auguste Rodin.
Einblicke in sein künstlerisches Schaffen

SEVERUS Verlag

ISBN: 978-3-95801-652-1
Druck: SEVERUS Verlag, 2017
Neusatz der Originalausgabe von 1908

Der SEVERUS Verlag ist ein Imprint der Diplomica Verlag GmbH.
Bibliografische Information der Deutschen Nationalbibliothek:
Die Deutsche Nationalbibliothek verzeichnet diese Publikation in der Deutschen Nationalbibliografie; detaillierte bibliografische Daten sind im Internet über http://dnb.d-nb.de abrufbar.

© SEVERUS Verlag, 2017
http://www.severus-verlag.de
Printed in Germany
Alle Rechte vorbehalten.
Der SEVERUS Verlag übernimmt keine juristische Verantwortung oder irgendeine Haftung für evtl. fehlerhafte Angaben und deren Folgen.

Otto Grautoff

Auguste Rodin
Einblicke in sein künstlerisches Schaffen

Inhalt

Auguste Rodin 5

Abbildungsverzeichnis 81

Abbildungen 83

*Du, Gott, bist ein
barmherziger Gott*

Auguste Rodin unter seiner Skulptur: Der Denker

Auguste Rodin

In keinem andern Lande wird mehr über Kunst philosophiert und theoretisiert wie in Deutschland. Der deutsche Ernst, die deutsche Gründlichkeit, die deutsche Sehnsucht und der Wille, der Kunst so nahe wie möglich zu kommen, sie in ihrer ganzen Weite, in ihrer ganzen Tiefe zu erfassen, sprechen sich in dieser umfangreichen deutschen Kunstliteratur aus. Und doch ist Deutschland nicht das Land, in dem das konkrete Verständnis des Schönen am verbreitetsten und am höchsten entwickelt ist. Auch das beweist diese Kunstliteratur, die niemals diesen Umfang hätte annehmen können, wenn der Kunsttrieb der Deutschen analog den niederen Trieben, durch die die Erhaltung des tellurischen Daseins bedungen ist, stark und unmittelbar aus dem germanischen Rassenempfinden hervorgegangen wäre, wie es zu Zeiten einer hohen Kultur, in der Gotik und in der Renaissance der Fall gewesen ist.

Als im achtzehnten Jahrhundert Preußen und im neunzehnten Jahrhundert Deutschland sich von neuem zu Macht, Größe und Reichtum entfaltete, hatte es den Zusammenhang mit seiner Vorgeschichte verloren; man ging in die Irre und suchte, wo es anzuknüpfen galt. Winckelmann und Lessing traten auf; ihre von reiner Begeisterung getragenen Kunstschriften gaben wenigstens ein Ziel, eine Richtung an; aber sie waren doch trotz aller guten Intentionen zu sehr spekulative Philosophie, Programm- und Tendenzschriften, zu doktrinär, um Kunstempfindung zu verbreiten. Sie verbreiteten Kunstrhetorik; sie lehrten die Deutschen des neunzehnten Jahrhunderts früher über Kunst sprechen als sie selbst wieder eine Kunst hatten, die Ausdruck des deutschen Rassenempfindens war. Was hat die Kunst der Cornelius, Dannecker, Schwanthaler, Wagmüller mit dem deutschen Rassenempfinden des neunzehnten Jahrhunderts zu tun? Sie ist der Niederschlag einer vagen Sehnsucht, der Niederschlag archäologischer Kunsttheorien. Alles Theoretisieren in der Kunst steht dem unmittelbaren Erfassen der Sinne entgegen; es bedeutet einen schweren Druck abstrakter Gedanken, der die Sinne verwirrt, das schlichte Erkennen und Erleben behindert und jene Art von Begriffs- und Wertunsauberkeiten erzeugt, die schon Friedrich Nietzsche zum Zorne reizte. Auf uns Spätgeborene alle drücken die Geschicke und Geschichten von vielen Jahrhunderten; aber auf uns Deutschen lastet noch besonders ein Netz von Theorien, in das wir verstrickt sind, aus dem heraus wir so schwer uns losringen zur Reinheit der Instinkte, zu einem klaren Blick ins Freie und Weite. England, Italien und Frankreich standen am Anfang des neunzehnten Jahrhunderts als Länder mit geschlossenen Kulturen da; Deutschland war zerklüftet. Statt langsam die Kultur und die bildenden Künste reifen zu lassen, versuchten Deutsche dieses Wachstum zu beschleunigen, indem sie Regeln, Gesetze und Theorien aufstellten, die aus der Reflexion und nicht aus der Anschauung hervorgingen. Ich rede nicht von mehr oder minder geringen Missverständnissen in manchen unsrer kunsttheoretischen Schriften, sondern von dem wesentlicheren Grundübel, dass unsere Kunstschriften zu häufig das Interesse auf das Stoffliche in der bildenden Kunst lenken auf Kosten der sinnlich zu erfassenden Erscheinungsformen. Das kann nicht erstaunen in einem Lande, dessen geistige Kräfte sich so außerordentlich auf die Literatur konzentrieren. Dadurch entstand der Irrtum so mancher Deutscher, die Gemüt mit Sentimentalität verwechseln, dass in der bildenden Kunst nur in der stofflichen Erfindung und Ausgestaltung seelische Werte, Gemüt und Phantasie zu geben und zu erkennen sind, dass der Aufbau und die Behandlung der Form nur Technik sind. Künstler, die Leitsätzen dieser Art Gefolgschaft leisteten oder leisten, übersetzen Kunst in Nichtkunst, indem sie statt gesehener, erlebter Formen Begriffe darstellen; statt des Vergnügens an der Schönheit der Formen bieten sie scherzhafte, humorige oder theatralisch ausladende Darstellungen, Präparate irgendwelcher literarischer Ideen in Stein. Seit den Zeiten der Gotik und Renaissance, in denen die Skulptur im edelsten Sinne Glied der Architektur war, ist in Deutschland in der Plastik nichts Überragendes geleistet worden. Einige Talente kamen und gingen zwar; aber sie geben uns nicht das Recht, während irgendeiner Zeit von einer Blüte der Plastik zu sprechen. Und mit dem Mangel an Bildhauern von überragender Größe geht Hand in Hand ein geringes Interesse, ein schwach entwickelter Sinn für die Werke der Skulptur. Sind die der Bildhauerkunst eingeräumten Museen in Deutschland nicht immer um zwei Drittel weniger besucht als die Gemäldegalerien, sind die Skulpturensäle in unsern Ausstellungen nicht ebenfalls immer die, die die Deutschen flüchtig durchhasten?

Anders ist das in Italien und Frankreich. Das liegt einmal in klimatischen Verhältnissen begründet, weiter in dem gesamten Rassenempfinden dieser südlichen Nationen, in ihrem Formgefühl, ihrem Sinn für lebendige Gesten und Gebärden; weiter darin, dass die Entwicklung der Kunst in diesen Ländern nicht zerklüftet ist, niemals so lang andauernd zerrissen und unterbrochen wurde wie in Deutschland. Man hat die französische Kunst lange Zeit unterschätzt, ihr die originale und führende Stellung, die ihr gebührt, nicht einräumen wollen. Der glücklichen Entwicklung des Landes und der großzügigen Art seiner Herrscher ist es zu danken, dass das Volk sich durch alle Jahrhunderte hindurch in ungebundener Freiheit entwickelte, seine Instinkte immer rein und klar hielt. Man wird sofort verstehen, worauf ich anspiele, wenn man das Verhältnis der Franzosen zur Antike durch den Lauf der Jahrhunderte verfolgt.

In Deutschland ist von den bildenden Künstlern die Antike mehrfach missverstanden worden. In verschiedenen Epochen haben die Deutschen sich einer sklavischen Nachahmung der antiken Formenwelt, einer Rekonstruktion ihrer begrifflichen Ideale schuldig gemacht. Weiß Gott, woran das lag; vielleicht daran, dass die Antike verschiedene Male auf Umwegen über Italien und Frankreich nach Deutschland gelangte, weil die Deutschen mehrfach aus zweiter Hand schöpften. Die großen Ansätze zu einer nationaldeutschen Kunst in Naumburg, Bamberg und Nürnberg traten vereinzelt auf und wurden nicht fortgesetzt, versandeten wieder.

Wie anders entwickelte sich die Kunst in Italien und Frankreich; auf einer breiten Bahn schließt sich Glied an Glied, logisch fest aneinandergefügt. Schon in den mittelalterlichen Skulpturen der Kathedralen von St. Trophime und Chartres zeigt sich die gesunde Basis, auf der die französische Kunst steht, indem sich in den Figuren aus dem römischen Typus langsam der gallische Typus mit dem wie Flammen gewellten Haar herausentwickelt. Die keltische und lateinische Rassenmischung in Frankreich kommt frühe schon in der französischen Gotik zum Ausdruck, die in der Isle de France der erste neue nationale Kunstausdruck seit der Antike wird. Es ist uns erlaubt, die Gotik neben die Antike zu setzen, weil die Gotik auf einer dem frühen Griechenland kongruenten Basis steht. Es kommt erst in zweiter Linie in Betracht, dass sie rein formal, tektonisch betrachtet, im Gegensatz zu der Antike sich entwickelte. Sie strebte die herrschenden, religiös-philosophischen Konventionen auszufüllen, den Stein mit warmem Empfinden zu durchglühen; sie zeigt die ersten Regungen des Individualismus, die in der Renaissance sich deutlicher ausprägen. In der Spätgotik haben die lateinischen Rassenelemente der Franzosen schon einmal, wie später im Rokoko, ihren besonderen Sinn für das Zarte, Sublime auf die Spitze getrieben; die Gestalten treten nicht mehr fest auf, sie hüpfen nur über den Boden, huschen spitzig auf den Zehen dahin. Ganz unabhängig von Italien durchbrach dann Frankreich selbständig, aus eigner Kraft, die kirchlichen Dogmen, die Konventionen des Christentums. Auch diese Entwicklung vollzog sich ganz logisch, folgemäßig und nicht ruckweise. So kam es, dass man nicht den Boden unter den Füßen verlor, und als die italienische Invasion sich breit über Frankreich ergoss, waren die Künstler stark genug, um sich ihr nicht mit Haut und Haaren auszuliefern, sondern sie zu verarbeiten. Aus Jean Goujons Kunst kann man ebenso viele Faktoren der Gotik, wie der Antike und der Renaissance Italiens herauslesen; er blieb aber vor allem und in jedem Betracht Franzose. Das Zarte, Graziöse, Grazile seiner nackten Gestalten, der duftige Linienschwung seiner Körper, die lieblichen Wellen seiner flatternden Gewänder sind echt französisch; auch sein Reliefstil, der nur innerhalb der französischen Architektur denkbar ist, ist in erster Linie die Erfindung eines Franzosen.

Zu Beginn des siebzehnten Jahrhunderts gibt der Südfranzose Coyzevox eine neue Note. Die Kunst war von jedem Zwang, von jeder Konvention frei geworden; der Individualismus hatte freie Bahn. Puget griff mit lärmendem Pathos in die Entwicklung ein. Die Gebärden laden weit aus. Das Theatralische und Pathetische zerreißt alle ruhigen Linien, durchbricht alle versonnenen Mienen; ein ungebundenes Leben, Unruhe und heißes Empfinden wird aus den Steinen herausgemeißelt. Eine solche Plastik konnte naturgemäß nicht mehr die dienende Stellung innerhalb der Architektur innehalten; sie brach aus der Architektur heraus und trat im Freien in Gruppenbildung auf. Um dieses wirkungsvolle Moment der Plastik war die Gotik gekommen. Dadurch, dass die gotische Plastik nur dekorativ als Teil der Architektur auftrat, musste sie auf jede manuale Beziehung der einzelnen Figuren untereinander Verzicht leisten. Durch die Überwindung der christlichen Dogmen waren auch die Künste frei geworden. Die Konventionen, in denen sie bis dahin eingeklemmt waren, wurden zersprengt. Eine uferlose Freiheit lag nun vor ihnen. Und doch verloren sich die Künstler nicht ins Uferlose. Pugets wild bewegte Formensprache gibt den Extrakt des Zeitgeistes in Stein wieder.

Im Rokoko spielt sich das Barock aus: Die Rokoko-Plastik ist ein prachtvoller Niederschlag dieser munter bewegten Zeit. Eine raffinierte Modellierkunst bildete sich aus, eine hoch entwickelte Empfänglichkeit für die prickelnden Reize einer sinnlich-technischen Behandlung, die in dem duktilen, weichen, breiartigen Material des Tons ihr Lieblingsmaterial fand. Das war das Ende einer langen Entwicklungskette. Nur eine scharfe Wendung konnte die Kunst zu neuen Taten führen. Nicht gewaltsam, sondern langsam und logisch vollzog sich in Frankreich der Umschwung. Die ganze Kultur, müde des Zarten und Feinen, müde des flutenden, wogenden Übermutes, wandelte sich zu spartanischer Einfachheit, trieb dem Griechentum in die Arme. Diderot, Frankreichs Winckelmann, war nicht wie jener spekulativer Gelehrter, der neue Regeln und Gesetze aufstellte für das, was werden sollte, wollte nicht künstlich eine neue Kunstrichtung gründen; er war nur der kluge und weitblickende Wortführer derjenigen Gruppe, die den Umschwung in Kultur und Kunst einleitete. Die Gruppe eroberte Paris. Inmitten dieser Griechenverehrer reckte sich Houdon in die Höhe, der, wie vor ihm die Gotiker und Jean Goujon zu sehr Franzose war, um ein trockener Nachahmer der Antike werden zu können. Während in dem malerischen Stil des Rokoko der tektonische Aufbau der Formen sich immer mehr verwischt hatte, in unklaren, gebrochenen Linien die Umrisse verschwommen waren, wurden die plastischen Formen jetzt wieder klar und übersichtlich. Houdon schloss griechisches Formgefühl und Jean Goujons fließende Liniensprache zu einer höheren, neuartigen Ursprünglichkeit zusammen. Die dahinschwebende, hüftschlanke Diana, die energischen und strengen Bildnisse Voltaires und Rousseaus mit den scharf geschnittenen Profilen sind durchaus Werke eines Franzosen. Aber nicht alle seine Zeitgenossen hatten die gleiche Kraft der Persönlichkeit. Chaudets und Cortots akademische Aktfiguren sind als seichte und unpersönliche Nachahmungen der Antike ebenso unbedeutend und belanglos wie Canovas und Thorwaldsens Mattheiten. In ihnen klingt diese klassizistische Bewegung, die Houdon einleitete, in den ersten Jahrzehnten des neunzehnten Jahrhunderts schwächlich aus.

Es war eine Zeit des Stillstandes, der Stagnation; die Kraft des Volkes konzentrierte sich auf nationale Fragen. Wähnte man aber die künstlerischen Kräfte dieser unversiegbar heißblütigen Rasse wären für immer erschöpft, so irrte man. Kaum war das Land politisch und national wieder zur Ruhe gelangt, erhob sich von neuem seine Kunstkraft. In der Malerei stand Géricault auf und riss die Kunst kühn in eine neue, andere Bahn. Delacroix folgte ihm und vollendete glorreich, was jener, der im Frühling seines Lebens dahinsank, begonnen hatte. In der Plastik vollzog sich der Umschwung nicht so rasch; hier folgte dem Wegbahner Géricault kein Titane, der wie Delacroix die Malerei mit einem Schlage aus dem trockenen und leeren Akademismus erlöste und in eine neue Bahn lenkte. Clément zählt in seinem Werk über Géricault sechs Plastiken auf, die zum größten Teil heute verschollen sind. Aber schon die eine Steingruppe aus der Pariser Privatsammlung Ackermann „Satyr und Bacchantin" lässt ahnen, trotzdem einige Partien unvollendet sind, welche großartige Bedeutung Géricault für die Entwicklung der Plastik hätte gewinnen können, wäre er am Leben geblieben. Michelangelos Andenken wird wach vor dieser Gruppe, deren Größe in den leidenschaftlichen Linien, in der Kraft und Bewegung und vor allem in der gewaltigen Konzentration beruht. Keine weitausgreifenden Bewegungen lockern den Kontur auf und doch zittert dieser kleine, gedrungene Stein von Leben. Hier knüpfte später Rodin an.

Doch die Kunstentwicklung machte erst noch einen Umweg. Géricaults wenige Skulpturen versanken in den Schoß des Vergessens; seine Anregungen in der Plastik nahm niemand auf. David d'Angers' matte Nachahmungen der Antike, leidenschaftslose Idealgestalten, waren tonangebend. Die Jugend Frankreichs ehrte in ihm einen Meister; auch François Rude war sein Schüler. Er begann mit einem Merkur. Es folgte ein Eros, in dem er einen Auszug aus der platonischen Philosophie, „den Geist inmitten der Materie" bilden wollte. Seine Taufe Christi in der Madeleine, die Kreuzigung in St. Vincent de Paul erweisen, wie er anfangs David d'Angers Gefolgschaft leistete. Doch er fühlte sich nicht glücklich in diesem Tross. Wirken seine Frühwerke schon nicht ganz so frostig wie die seines Meisters, so liegt der Grund darin, dass Rude sich ernsthafter in die Natur versenkte als David d'Angers. In David d'Angers und seinen Genossen war eine bestimmte Vergangenheit zu einem Scheinleben wieder erwacht, deren formalistische Konventionen die Bildhauer in einen toten Akademismus zwangen. Als gereifter Mann vermochte Rude diesen Zwang zu zersprengen; er knüpfte dann an Puget an, dessen heißes Pathos ihm wesensverwandt war. Aus dem Akademiker ward ein robuster Kerl. Die Gruppe: Der Ausmarsch am Arc de Triomphe, das Grabdenkmal Napoleons sind die Denkmäler seiner Mannbarkeit. Doch das alles war nur ein Suchen, ein Versuchen, ein Tasten, ein Wille zu einem neuen Stil, aber noch nicht selbst ein neuer Stil.

Carpeaux, der 43 Jahre nach Rude geboren wurde, wuchs in einer glücklicheren Zeit auf. Carpeaux hatte mehr Abstand von den Kulturen der Vergangenheit und anderseits ein innigeres Verhältnis zur Natur. Er stand wie die Maler seiner Zeit den Dingen freier gegenüber, nahm, wo er nehmen konnte und entwickelte seine Persönlichkeit frei und zwanglos. In unserer Zeit, in der die Konventionen aller Vergangenheiten zu leblosen Schemen erstarrt sind und keine neuen gemeinsamen Ideale allen Richtung und Ziel weisen, gilt die Persönlichkeit alles. Ein unpersönliches Talent wird sich niemals durchringen zur Größe wie es in früherer Zeit möglich war, wo die Konventionen auch dem, der nicht seine innere Stimme erkannte, den Weg wiesen. Heutzutage ist es Gebot des Künstlers sich selbst zu erkennen, aus seinem eigenen Innern herauszulesen, was nottut, sich selber Richtung und Ziel geben zu können. Die Schätzung der Persönlichkeit ist dadurch naturgemäß gestiegen. Rude hatte für die zukünftige Entwicklung der Plastik einen neuen Boden gefunden, indem er auf den starken Pathetiker Puget zurückging. Barye baute auf diesem Fundament weiter; sein Schüler Carpeaux brachte diese Entwicklung zu einem stilistischen Abschluss. Carpeaux setzte nicht nur die Gebärden und Gesten in Bewegung; er brachte auch Bewegung in die Massen, wühlte die Flächen auf und zerriss die Glätte der Epidermis. So setzte er die formalistischen Stilelemente sowohl des Barock wie des Rokoko weiter fort, durchtränkte sie mit dramatischer Kraft und starkem Natursinn und gelangte auf diesem Wege zu einem neuen Stil. Sein Triumph der Flora, sein Tanz, die vier Weltteile, die in konzentrischer Bewegung die Armillarsphäre um eine ideale Achse drehen, indem sie die Kugel mit den Händen leicht zu stützen und zu bewegen scheinen, sind die bedeutendsten Skulpturen des zweiten Kaiserreichs. Auf Carpeaux baut sich Rodin auf. Rodin krönt die Entwicklung, die im neunzehnten Jahrhundert von Rude eingeleitet, von Barye ausgebaut und von Carpeaux zu einer Stilbildung gebracht wurde, über deren Köpfe hinweg aber Géricault und Rodin sich die Hände reichen.

Auch ein so genialer Meister wie Rodin fällt nicht vom Himmel; und es ist daher unverständig, ihn als Sonderling, als kuriose Einzelerscheinung, als eine exzentrische Originalität aufzufassen und zu behandeln. Rodin ist nicht nur eines der wunderwertesten Resultate der modernen, Pariser Kultur; er ist auch die Synthese der französischen Skulptur des neunzehnten Jahrhunderts. Tausend Fäden verbinden ihn mit der Vergangenheit der französischen Kunst. Wir werden das im Folgenden sehen und im Einzelnen durchsprechen. Es gibt keinen bedeutenden Künstler, der die Tradition verachtete und aus sich selbst heraus blind für die Vorzeit irgendetwas Belangvolles geleistet hätte. Würde man ein Kind allein in der Wüste aufwachsen lassen, es würde niemals sprechen und sich in der menschlichen Kultur zurechtfinden lernen. Darauf kommt es an, dass der Künstler schon in seiner Jugend die Werte, die sich ihm darbieten, graduell unterscheiden lernt, dass sein Instinkt ihn richtig leitet in der Auswahl der Werte, die er sich zu eigen machen will. In der selbständigen Auswahl der Bildungswerte bewährt das Genie zum ersten Male seine Kraft; zum zweiten Male in der Geduld auf sich warten zu können, auf seine Reife, seine Stunde. Die Geduld ist die härteste Kraftprobe des Genies, gerade darum, weil sie in der Jugend geleistet werden muss. Rodin hat sie bestanden. Vierundzwanzigjährig vermochte der kühne Dränger seine Ungeduld einmal nicht mehr zu meistern. Er schickte den Mann mit der zerbrochenen Nase (Abb. 1) in den Salon. Die Jury wies ihn zurück. Dieser äußere Misserfolg lehrte ihn seine Ungeduld bemeistern, die Zeit seiner Reife in der Stille abwarten, gab ihm die Kraft zu weiteren dreizehn Jahren der Einsamkeit. In diesen dreizehn Jahren sammelte er seine Kräfte, ordnete sich sein Streben, wurde er sich über seine Ziele klar. Als er im Jahre 1877 von neuem an die Öffentlichkeit trat, war er ein ausgereifter Künstler. Das eherne Zeitalter zeigt das. Unternehmen wir es nun zu untersuchen, wie er ward und wie er sich entwickelte.

***

Auguste Rodin ist am 4. November 1840 in Paris geboren. Sein Vater stammt aus der Normandie, seine Mutter aus Lothringen. Der Knabe wuchs in einer kleinen Pension in Beauvais auf, der altertümlichen Hauptstadt des Oise-Distriktes in der alten Provinz Isle de France im Tal des Oisezuflusses Thérain. Der malerische Zauber dieser sehr alten und stillen Stadt mit ihren schattigen Promenaden, ihrem reichen Bischofspalast, ihrer stolzen Kathedrale machte den Knaben still und versonnen. Er war scheu und hielt sich einsam, versunken in Träume und Phantastereien, ohne zu wissen, wer er war, was in ihm schlummerte. Er wollte Redner werden. Dahin gingen seine Träume. In den Pausen des Unterrichts, während seine Schulkameraden draußen im Garten in muntern Spielen Erholung suchten und das Schulzimmer still und verlassen war, stieg er aufs Katheder und hielt feurige Reden; sein Auge sah eine dichte Volksmenge vor sich, deren Herzen er mit seinen Worten zu bewegen suchte.

Als er vierzehn Jahre alt war, nahmen seine Eltern ihn zu sich nach Paris und schickten ihn in die kleine Zeichenschule in der Rue d'Ecole de Médecine. Viele junge Künstler der damaligen Generation haben diese Zeichenschule besucht. Hier lernte Rodin zeichnen; er arbeitete nach Modellen von Tieren, Pflanzen und Blumen. Sein Fleiß, sein Eifer, seine Gründlichkeit im Studium erregten die Bewunderung seiner Lehrer und die Achtung seiner Kameraden. Es gab in dieser kleinen Zeichenschule auch einen Modellierkursus, an dem Rodin mit einigen andern Schülern teilnahm. Er war fünfzehn Jahre alt, als er zum ersten Male Ton in die Hände nahm und seine ersten Modellierversuche machte. In seinen Freistunden ging er in den Louvre und blätterte die Zeichenvorlagen nach den Antiken durch. Es entsprach dem Geiste jener Zeit, dass die Kunstjünger durch Vermittlung von zeichnerischen Nachbildungen in die Kunst der Antike eindrangen. In dem Kupferstichkabinett der Nationalbibliothek sah er die Bände durch mit den Reproduktionen von Handzeichnungen Michelangelos und Raffaels und machte sich dabei in seinem Skizzenbuch einige Notizen, die er am Abend zu Hause nach dem Gedächtnis ausführte. Er drang so in das Wesen der Formen ein. War es ein Umweg, den der Jüngling wählte, so führte dieser Umweg ihn nicht weit in die Irre; im Gegenteil, durch diese zeichnerischen Vorstudien nach Zeichenvorlagen erschloss sich dem Siebzehnjährigen das Wesen der griechischen Plastik leichter und unmittelbarer. Schon in seinem siebzehnten Jahre ging er von den Zeichnungen nach den Skulpturen der Antike zu dem Studium der plastischen Originalwerke des Altertums über; und dieses Studium führte ihn ganz von selbst auf das Studium der Natur. Den letzten Sommer hindurch besuchte er den Unterricht, den der Tierbildhauer Antoine Louis Barye im Museum, dem jetzigen Jardin des Plantes, erteilte. Er zeichnete dort unter dessen Leitung die Tiere dieses zoologischen Gartens.

Doch die Verhältnisse zwangen ihn, sich seinen Lebensunterhalt zu verdienen. Kaum achtzehn Jahre alt trat er bei einem Dekorateur als Gehilfe ein. Er wurde damit beschäftigt, Modelle anzufertigen. Auch hier bewiesen sich wiederum sein Eifer, sein Fleiß und seine Gründlichkeit. Es schien ihm unwürdig, diese Modelle schablonenmäßig herzustellen; er ging hinaus in den Garten und machte an Blättern, Zweigen und Gräsern gewissenhafte Naturstudien. Während dieser Zeit unterhielt Rodin beständig Beziehungen zu Barye. In einem älteren Kollegen, Constant Simon, der bei demselben Patron arbeitete, gewann er einen Freund. Ein reger Gesinnungsaustausch, häufige Zwiesprachen über die Fragen der Kunst führte die beiden zusammen. Der Jüngere gewann die Achtung des Älteren, der des Jüngeren Überlegenheit fühlte; ratend und ermunternd stand er, der auch höher hinauswollte, ihm zur Seite. Er fühlte, wie Rodin den gleichen, hohen Zielen zustrebte, die ihm zu erreichen die Kraft mangelte. Aber nicht Neid trübte deshalb seinen Blick; er tat alles, um dem Jüngeren seine Erfahrungen zugutekommen, ihn die richtigen Mittel ergreifen zu lassen. Es ist wohl zu viel gesagt, Constant Simon einen großen Einfluss auf Rodin zuzusprechen, aber die Jahre dieser Freundschaft waren für den werdenden Meister, dem in diesen Jahren seine Kraft langsam zum Bewusstsein reifte, in vielseitiger Weise anregend und fruchtbar. Auch jetzt war er ein häufiger Gast im Louvre. In den Abendstunden vertiefte er sich in Homer, Äschylos, Sophokles und Plato, um die ideelle Grundlage der Kultur begreifen zu lernen, auf der die wunderbaren Skulpturen des alten Griechenlands gewachsen sind. Mit reiferen Augen durchstreifte er nun die plastischen Sammlungen des Louvre; er lernte verstehen, dass diese Bildwerke die lapidarische Übertragung einer großen und starken Weltanschauung in Stein waren. Dadurch, dass er den Kern der griechischen Philosophie verstehen lernte, lernte er auch begreifen, inwiefern die Auffassung der Natur, der architektonische Aufbau, der Fluss der Linien, die Belebung der Massen und Flächen in der griechischen Plastik Ausdruck einer Weltanschauung waren. Gestützt auf seine Studien, gestützt auf seine erworbenen Kenntnisse und gestützt auf die starken Erlebnisse, die ihm die Antike geboten hatte, erwachte der Schaffenstrieb in ihm. Er begann die ersten, selbständigen, plastischen Versuche. In seinem vierundzwanzigsten Lebensjahre schuf er den Mann mit der zerbrochenen Nase (Abb. 1). Es ist die reifste Arbeit seiner Jugendperiode, die einzige, die er aus diesen Jahren heute noch gelten lässt. Die Jury des Salons wies diese Arbeit zurück. Die Enttäuschung entmutigte Rodin nicht. Seine Kraft, seine Begabung waren ihm bewusst geworden; er fühlte, dass er etwas war, dass er etwas zu geben hatte, fühlte, dass ihm durch die Zurückweisung der Büste unrecht geschehen war. Aber er wollte sich nicht noch einmal solcher Niederlage aussetzen, wollte erst wieder vor die Öffentlichkeit treten, wenn er ganz fertig, abgeschlossen, reif und selbstbewusst auftreten konnte. Er zwang sich, das Studium noch ernster und eifriger zu betreiben, warf alle Bande, die ihn fesselten, hinter sich und trat in das Atelier des Bildhauers Ernest Carrier-Belleuse als Schüler ein, der an der Porzellanmanufaktur von Sèvres tätig war. Sechs Jahre stiller Arbeit folgen nun, in denen Rodin teilweise in der Porzellanmanufaktur von Sèvres studierte und arbeitete, teilweise im Atelier von Carrier-Belleuse manuelle Geschicklichkeit zu erreichen sich mühte; die wertvollsten Stunden dieser Jahre aber war er für sich, machte Aktstudien, las und studierte, suchte seinen Geist zur Reife zu heben. Die Geschichte der Juden von Flavius Josephus, Dante, Pascal, Rousseau und Baudelaire wurden seine Genossen dieser Zeit, die seinen Geist bewegten, ihm zu Führern wurden, ihm ein Weltbild formen halfen. Sein jugendlich heißes Temperament wollte die ganze Welt umarmen, die ganze Geistesgeschichte der Menschheit in sich aufnehmen; in alle menschlichen Triebe und Leidenschaften wollte er sich versenken; nichts wollte er sich fern halten. Nur wenige Vertraute besaß er in diesen Werdejahren; er hielt sich fern vom offenen Markt, reiste in der Stille aus.

Nach dem Kriege ging er nach Brüssel und arbeitete dort als Gehilfe Rasbourgs an der Ausschmückung der Börse und des Akademiepalastes mit. Für das erste Gebäude meißelte er einige Karyatiden, für den Akademiepalast Friese mit bewegten Kinderfiguren, die Attribute der Künste und Wissenschaften tragen. Diese Arbeiten, die allerdings Rodins neuartige und großartige Begabung zeigen, dürfen nicht zu kritisch betrachtet werden; denn er war nicht frei, als er sie schuf; er musste sich den Anordnungen des Baumeisters fügen. Für sich selbst arbeitete er in diesen Jahren im Verborgenen, in der Einsamkeit. An warmen Sommerabenden ging er hinaus ins Cambrewäldchen und machte Naturstudien; in den Mußetagen zog er mit seinem Skizzenbuch in den reichen und üppigen Soigneswald, beobachtete die Bäume, die Felder und Wiesen im wechselnden Spiel des Lichtes und brachte von jedem Ausflug einige Landschaftsstudien nach Hause. Diese Malerstudien haben seine malerische Auffassung der Formen wesentlich ausgebildet und vertieft.

Nahezu acht Jahre blieb er in Brüssel. Zwei bedeutungsvolle Reisen unterbrachen diesen Aufenthalt. Im Jahre 1875 bereiste Rodin Italien und im Jahre 1877 Frankreich. Die Antike kann man in sehr ausgiebiger Weise im Louvre kennenlernen, die italienische Skulptur dagegen ist im Louvre nur in fragmentarischer Weise vertreten. Allerdings zwei Meisterwerke italischer Kunst birgt das Louvre, vor denen Rodin schon oftmals in heißer Bewunderung gestanden hatte: es sind die beiden für das Juliusgrab bestimmten Sklaven von Michelangelo. Viele schon vor Rodin hatten sich Anregung und Stärkung bei dem großen Florentiner geholt, hatten lediglich seine Mittel gebraucht ohne seine Gedanken, hatten seine Theorie der Bravour dadurch persifliert, dass sie sie von der Äußerung eines inneren Kampfes abstrahierten. Rodin ist bis in die tiefsten Tiefen dieses Vorfahren gedrungen; er hat den Florentiner in seinen verborgensten Seelenregungen verstanden. Er fühlte den heftigen, inneren Kampf nach, aus dem Michelangelos Gestalten herausgewachsen sind. Die geschlossene und nach innen strebende Komposition dieser schmerzlich leidenden Jünglingsgestalten, deren Konturen nicht durch weitausgreifende Gesten gelockert sind, die großen plastischen Kontraste und die breite Flächenbehandlung im Detail – diese Stilelemente in Michelangelos Kunst, erschienen ihm so frei von aller Konvention, so rein der künstlerischen Inspiration entwachsen, dass er immer wieder zu diesem Abbild der Schönheit im Leiden zurückkehrte. Es hatte sich eine Stimme in seinem Inneren geregt, die ihm zuflüsterte es zu machen wie er. Nun ging er nach Italien. Was er bisher nur aus Nachbildungen kannte, sah er jetzt unter dem blauen Himmel im Lande selbst, in dem es gewachsen war, in der Landschaft, für die es komponiert war, in der Architektur, für die es gedacht war. Rodin war ja nicht der erste Franzose, der in Florenz und Rom Anregung suchte und fand. Er war anderseits in seinem fünfunddreißigsten Jahre schon zu ausgereift, zu fest in sich, als dass ihm Italien hätte eine Gefahr werden können. Er sah in den Denkmälern des alten Rom den frohen Sinnenkult, sah die großzügige Verherrlichung der römischen Herrscher, er verfolgte in den Basiliken, den Kirchen und Skulpturen das Werden der großen und starken christlichen Gedanken, er sah in Florenz und Rom das Vergehen der christlichen Konventionen, die Renaissance der

Antike, aus der heraus sich Michelangelo zu einsamer Größe empor entwickelte, die, wie ihm schien, lange Zeit unerkannt und missverstanden blieb. Ein Weltbild brachte er mit nach Hause; und wieder vergrub er sich in die Einsamkeit, und in der Stille reifte ein Werk. Zwei Jahre darauf erschien im Salon das Gipsmodell der Statue: „Das eherne Zeitalter" (Abb. 2 u. 3) (l'Age d'Airain) oder wie diese Statue ursprünglich hieß: „Der Mensch, der in der Natur erwacht" oder „Der Mensch der ersten Zeiten". Rodin wurde verdächtigt, diesen männlichen Akt nicht selbst geschaffen zu haben, sondern einen Gipsabguss nach der Natur als seine eigene Arbeit unter einem hoch klingenden Titel auszugeben. Der Staatssekretär der schönen Künste ließ eine Untersuchung veranstalten, mit der Paul de Saint-Victor und Charles Yriarte beauftragt wurden. Beide kamen zu keinem endgültigen Resultat; es blieb ein unsauberer Verdacht auf Rodin haften, der Verdacht eines niedrigen Betruges. Es wurde ihm, der damals arm und unbekannt war, nicht leicht, sich von diesem Verdacht zu reinigen. Er stellte Photographien her von der von ihm geschaffenen Aktfigur und von Gipsabgüssen nach der Natur, die er dem Ministerium übersandte mit der Bitte, sie zu vergleichen. Aber dieser Versuch zu seiner Rehabilitation fruchtete nichts. Ein Zufall kam ihm zur Hilfe. Der Bildhauer Paul Dubois erfuhr durch einen seiner Schüler Rodins Art zu arbeiten, interessierte sich dafür und begab sich mit seinem Kollegen Chapuis zu Rodin ins Atelier. Er überzeugte sich dort nicht nur von Rodins ehrlicher Art zu arbeiten, sondern erkannte auch sogleich Rodins außerordentliche Begabung. Er setzte einen Rechtfertigungsbrief an das Ministerium auf, in dem er scharf gegen den Rapport des Inspektors der schönen Künste Stellung nahm. Dieser Brief, den die Bildhauer Carrier-Belleuse, Laplanche, Thomas, Falguière, Chaplin, Chapuis und Paul Dubois unterzeichneten, bewirkte Rodins Rehabilitation, die der Minister Turquet dadurch vollständig machte, dass er noch im Jahre 1880 dieses Bronzewerk für das Luxembourg-Museum erwarb. Weiter wurde ihm ebenfalls durch Vermittlung dieses Ministers dadurch ein Zeichen des Vertrauens gegeben, dass der Staat bei ihm ein Portal für das Palais der dekorativen Künste bestellte. Dieser Auftrag brachte ihn zum ersten Mal auf den Gedanken des Höllentors, ein Plan, der ihn jahrzehntelang beschäftigt hat, der bis heute noch nicht zur Ausführung gelangt ist.

In demselben Jahre, in dem er „Das eherne Zeitalter" vollendete und ausstellte, unternahm er eine Reise durch Frankreichs Kunststätten. Lange hatte Frankreich die Führung in der Baukunst innegehabt, die während der Gotik die hauptsächlichste Trägerin und Gestalterin alles höheren künstlerischen Lebens war. Die vier vollendetsten Denkmale dieser Zeit sind die Kathedralen von Paris, Chartres, Reims und Amiens, denen sich im Norden und Süden andere Kirchen, Schlösser und Profanbauten angliedern. In der Fassadenkunst, den Reliefs, Rund- und Eckschildern, die in so reichem Maße diese Bauten zieren, die sich allmählich aus dem strengen Stil der Frühgotik zu dem freien und idealen Stil der Spätgotik entwickeln, hat sich die christliche Weltanschauung und das Gesamtwissen der Zeit in vollendeter Weise ausgesprochen. Wie ein Zeitgesang der Menschheit, einer Epoche, die von der scholastischen Philosophie die leitenden Ideen empfing, stehen diese mächtigen, inhaltsreichen Steingebilde da. Die herbe Hoheit und feierliche Schönheit dieser Skulpturen, Sinnbilder starker und lebenzeugender Konventionen, mussten die weitgespannte Künstlerseele Rodins im Innersten ergreifen.

Wie zersplittert dagegen ist unsere Zeit! Hundert Stimmungen durchziehen sie, laufen nebeneinander her, kreuzen sich in ihr; es ist in unserer Zeit kein starker Strom, in dem alle Kräfte zusammenfließen. Es gibt keine Gemeinsamkeit der Gedanken und Ideale, die wie ein Sammelbecken die Kräfte aller Zeitgenossen in sich aufnehmen, in dem sie zu einem vollendeten Weltbild der Zeit in die Höhe wachsen. Die Idealsgemeinsamkeit, der Zwang gesunder und starker Konventionen hat die Antike und hat die Gotik groß gemacht. Das fühlte Rodin. Während er sich in diese vergangenen Kunstepochen vertiefte, zog er Parallelen zu seiner Zeit, suchte in seiner Zeit nach gemeinsamen Ideen, die die Menschheit der Gegenwart zusammenhielten und einigten. Er fand sie nicht in Jenseitsschwärmereien, nicht in kirchlichen Dogmen, nicht in verklärenden Idealen, sondern nur in den Grundinstinkten, in der Liebe, in der Arbeit und in dem Willen zur Macht. Die Liebe, die Arbeit, der Wille zur Macht und zur Größe, der Kampf um die Macht und die Herrschaft, diesen Grundtriebkräften im Menschen hat Rodin in seiner Plastik hundertfältig Ausdruck geliehen. Als er die Gewalt und Bedeutung dieser Triebe im Menschen erkannt und in ihrer ganzen Tragweite für das Einzelwesen und die Gesamtheit begriffen hatte, fühlte er sich reif, die Pläne in Angriff zu nehmen, die seine Phantasie bewegten.

Wohl waren auch vor seiner Übersiedlung nach Brüssel, wie während der sieben Jahre in Brüssel einige selbständige Arbeiten entstanden – eine Angelika 1866, eine schlummernde Hebe 1869, vier große Sockelfiguren am Denkmal des Bürgermeisters Loos im parc d'Anvers zu Brüssel, ferner einige Kinder- und Frauenporträts, denen man zuweilen auf Auktionen im Hotel Drouot begegnet –; doch alle diese Arbeiten tragen durchaus den Stempel von Jugendarbeiten. Wenn sie auch die starke Begabung, schon die ganz persönliche Auffassung des werdenden Meisters zeigen, so mangelt ihnen doch jene mysteriöse Kraft des Ausdrucks und der Überzeugung, jenes innere Schicksal, durch die sich die Werke seiner Reife so turmhoch über alles erheben, was in unserer Zeit geschaffen wurde. Einmal als Vierundzwanzigjähriger war ihm schon ein großer Wurf gelungen. Der Mann mit der zerbrochenen Nase bedeutet gewissermaßen den Abschluss der ersten Jugendperiode, in dem die Antike ihm alles war, in der er nichts weiter bewundernswert fand als die Antike. Dann aber stürmten neue Eindrücke auf ihn ein, neue Ideen lenkten ihn in eine andere Bahn. Der Blick weitete sich ihm. Die Amplitüde seines Geistes holte weit aus. Ist es verwunderlich, dass er nicht sogleich alle die Eindrücke, die sich ihm boten, verarbeiten konnte, dass er Zeit und Muße brauchte, um sich zurechtzufinden in der Welt, die sich ihm geöffnet hatte? Nur darin dürfen wir den Grund sehen, dass seine Arbeiten dieser Zeit nicht den Stempel der Kraft, der Größe, jenen seltsamen Stempel des Genies tragen, den jede seiner späteren Skulpturen auszeichnet. In den letzten anderthalb Jahren seines Brüsseler Aufenthaltes rang er sich zur Ruhe und inneren Sammlung durch und schuf das Gipsmodell des Ehernen Zeitalters. Im Jahre 1877 kehrte er nach Paris zurück und nahm dort sofort Johannes den Täufer (Abb. 4 u. 5) in Angriff. Ein Jahr darauf vollendete er den Bronzeguss des Ehernen Zeitalters. Wieder ein Jahr – und der Täufer stand fertig da, für den er die Medaille – dritter Klasse erhielt. Beide Werke stehen jetzt im Luxembourg-Museum. Als im Jahre 1880 die französische Republik ein Preisausschreiben für ein Denkmal der Nationalverteidigung erließ, reichte auch Rodin einen Entwurf ein, den die Jury aber nicht einmal unter die dreißig Entwürfe aufnahm, die sie für eine engere Wahl bestimmte. Rodin hat diesen Entwurf für seinen Genius des Krieges (Abb. 10) verwertet (Kollektion Pontremoli), den er 1883 vollendete. 1881 entstanden die Figuren Adam und Eva für das Höllentor, 1882 der Gipsentwurf des Ugolino, 1883 das Reiterdenkmal des chilenischen General Lynch, das auf der Reise vermutlich zugrunde gegangen, jedenfalls gänzlich verschollen ist.

In demselben Jahre hatte sich zur Errichtung eines Claude Lorrain-Denkmals ein Komitee gebildet, an dessen Spitze der Landschaftsmaler Français stand. In Nancy sollte dieses Denkmal errichtet werden; denn von Nancy aus war der junge Claude an einem schönen Sommertage ausgezogen nach Rom. Das Komitee betraute Rodin mit der Aufgabe dieses Denkmals. Nach Verlauf von sechs Jahren vollendete Rodin es. Aber die Bürger Nancys weigerten ihm den Platz. Sie waren nicht zufrieden mit dem Denkmal. Der Sockel gefiel ihnen nicht übel; aber die Gestalt ihres Landsmannes schien ihnen nicht ähnlich genug, nicht künstlergemäß, nicht großartig genug aufgefasst. Nach langen Diskussionen hin und her wurde das Denkmal endlich im Jahre 1892 im Park der Pépinière in Nancy aufgestellt.

Im Jahre 1884 trat eine andere große Aufgabe an Rodin heran. Die Stadt Calais beauftragte ihn mit dem Denkmal, das sie den sechs ihrer Bürger errichten wollte, die sich im vierzehnten Jahrhundert heroisch für ihre Stadt geopfert hatten (Abb. 11–13).

Der französische Historiker Jean Froissart erzählt in seiner „Chronique de France", in dem Kapitel der Belagerung von Calais, die heroische Tat dieser Bürger. Im Jahre 1347 belagerte König Eduard III. von England Calais. Die Franzosen hielten die Stadt lange tapfer. Aber aller Widerstand war umsonst; sie vermochten den Ring des englischen Heeres nicht zu durchbrechen. Hunger und Not zwangen endlich die Belagerten über die Bedingungen der Übergabe zu unterhandeln. „Unterwerfung auf Gnade und Ungnade", lautete des englischen Königs Antwort. Noch einmal rafften sie sich auf, auszuharren im Kampf. Kurze Zeit darauf erklärte König Eduard sich bereit, die Stadt zu schonen, wenn sechs Bürger der Stadt, vornehmen Geblütes, barhäuptig und barfuß, einen Strick um den Hals, die Schlüssel der Stadt und des Schlosses in ihren Händen, ihm ins Lager entgegenkämen, bereit, sich schweigend für die Stadt zu opfern… Das Volk versammelte sich in der großen Halle; in ihrer Mitte erhob sich der Bürgermeister, Messire Jean de Vienne, seinen Mitbürgern die schlimme Forderung des Engländers zu verkünden. Die Glocken aller Kirchen der Stadt läuteten, ihr dumpfes Tönen begleitete ein wildes Jammern, ein verzweifeltes Stöhnen. Dann schwieg das Wehklagen: der reichste Bürger trat vor, der erste Held, der sich zum Opfer bereit erklärte: Eustache de Saint Pierre. Ein Weinen und Jammern durchwühlte die Menge und wieder ward es stille. Jean d'Aire, ein Mann von großem Vermögen, der zwei schöne Töchter zu Hause hatte, meldete sich als zweiter. Jacque de Wissant, reich an Besitz und Erbschaft, war der dritte; dessen Bruder Pierre der vierte. Der fünfte und sechste sind namentlich nicht genannt. Sie entkleideten sich vor allem Volke bis aufs Hemd, ließen sich Stricke um den Hals legen, nahmen die Schlüssel der Stadt und zogen unter Glockengeläute, begleitet von den Seufzern ihrer Mitbürger, hinaus ins englische Lager. Der König empfing sie hart; neben ihm stand der Henker, bereit das Beil zu schwingen. Aber die Königin bat um das Leben der sechs Helden, und der König willfahrte ihrem Wunsche, weil sie sehr schwanger war...

Im Jahre 1889 stellte Rodin in der Galerie Georges Petit eine große Anzahl von Handzeichnungen, Aktstudien und Entwürfe in Gips für dieses Denkmal aus. (Claude Monet veranstaltete bei Petit gleichzeitig mit ihm eine Sonderausstellung.) Die Ausführung des Denkmals verschleppte sich, da die öffentliche Sammlung, durch die die Stadt Calais die Mittel zur Errichtung dieses Denkmals zusammenbringen wollte, nur langsame Fortschritte machte. Fünf Jahre später stand dieses Denkmal vollendet da. 1895 stellte Rodin einen der Bürger im Salon aus. Im Juni desselben Jahres fand im Jardin de Richelieu zu Calais die feierliche Enthüllung des Denkmals statt. Rodin wollte diese sechs Helden der Stadt auf einem niedrigen Sockel von 25 Zentimeter Höhe in der Mitte des Marktplatzes aufstellen; so ist diese zwanglose Gruppe komponiert. Die Bürger von Calais sollten die Heldentat ihrer Vorväter für alle Zeiten unmittelbar vor Augen haben, als zögen sie erst heute hinaus ins Lager der Engländer; sie sollten den Zeitgenossen immer gegenwärtig sein, wie andere Sterbliche unter ihnen wandeln. Aber die Stadtväter von Calais hatten für diese schlichte und großartige Idee kein Verständnis; sie war ihnen nicht konventionell genug. Sie erlaubten dem persönlichsten Künstler unsrer Zeit nicht, auch diese Frage persönlich zu entscheiden. Rodin ereifert sich heute noch, wenn man von der Aufstellung der Bürger von Calais spricht. Man hat sie auf einen hohen, abscheulichen Sockel gestellt und den Sockel mit einem noch abscheulicheren Gitter umgeben. Die Gruppe wirkt jetzt jedenfalls nicht, wie sie wirken sollte.

Wir waren beim Jahre 1884 stehen geblieben. Im folgenden Jahre schuf Rodin die Büsten des Dichters Victor Hugo (Abb. 25), des Bildhauers Jules Dalou (Abb. 24) und des Chemikers Joseph Louis Proust[1] (Abb. 19). Im Jahre 1886 begann Rodin mit den Arbeiten für

---

1 Vermutlich handelt es sich um Antonin Proust.

das Victor Hugo-Denkmal (Abb. 77–79), die bis heute noch nicht zum Abschluss gelangt sind. Auch dieses Werk erregte die Unzufriedenheit der maßgebenden Persönlichkeiten. Ursprünglich sollte das bei Rodin bestellte Denkmal über dem Grabe des Dichters im Pantheon Aufstellung finden. Aber der Entwurf, den Rodin einreichte, wurde verworfen, da er sich angeblich nicht in die Architektur des Pantheons einfügte. Rodin machte einen zweiten Entwurf, der wiederum missfiel. Immerhin veranlasste man Rodin daraufhin einen dritten Entwurf für ein Victor Hugo-Denkmal einzureichen, das im Luxembourg-Garten aufgestellt werden soll. Rodin machte einen dritten Entwurf (Abb. 79 u. 80), dessen Ausführung gegenwärtig nahezu vollendet ist. Aus dem Jahre 1886 stammen noch weiter der erste Entwurf zum Kuss und die Büste des Dramatikers Henri Becque. 1887 entstand das Haupt Johannes des Täufers nach der Enthauptung, 1889 die Danaïde (Abb. 48), die sich im Musée du Luxembourg befindet, die Statue des Malers Bastien Lepage (Abb. 7) für Damvilliers, die Büsten von Octave Mirbeau und Roger Marx, die verdammten Frauen und der Gedanke (Abb. 34), der später für das Musée du Luxembourg angekauft wurde; 1890 die Büste einer jungen Frau, ein Torso: Johannes der Täufer und die Gruppe: Bruder und Schwester (Abb. 55); 1891 die Karyatide (Abb. 64) (Musée du Luxembourg), die junge Mutter, die Nymphe; 1892 die Büsten von Puvis de Chavannes (Abb. 21) und Henri Rochefort (Abb. 22); 1893 der Tod des Adonis, die Büste des Komponisten César Franck für dessen Grab auf dem Friedhof Montparnasse in Paris, die Erziehung des Achilles, 1894 der Frühling (Abb. 41), Amor und Psyche, Orpheus und Eurydike.

Im Jahre 1895 bat die Société des Gens de Lettres Rodin um die Ausführung des von ihr der Stadt Paris gestifteten Balzac-Denkmals (Abb. 35–38). Rodin zögerte lange mit seiner Zusage. Er kannte die Auftraggeber. Wenn sie sich auch mit der Auffassung, in der er Balzac darstellen wollte, von vornherein einverstanden erklärt hatten, so fürchtete er doch, dass die Form dieser Auffassung seinen Bestellern nicht zusagen würde. Nur widerstrebend übernahm er diese Aufgabe, weil ihn die Abhängigkeit von dieser Literatengesellschaft drückte. Aber abzulehnen vermochte er diesen Auftrag doch nicht; denn seit frühen Jugendtagen erschien ihm Balzac als der tiefste und stärkste Dichter des neueren Frankreichs. Seine reinsten Gefühle galten ihm; so drang es ihn trotz alledem, die Gelegenheit zu ergreifen, diesem alles durchleuchtenden Genie eine Huldigung darzubringen. Nachdem Rodin sich einmal entschlossen hatte, die Aufgabe zu übernehmen, vergrub er sich mit Feuereifer in die Arbeit. Aber die Arbeit war langwierig. Ein Künstler, dessen Sinn nicht auf finanzielle Vorteile gerichtet ist, hat genug ethisches Gefühl, moralisches Bewusstsein und Verantwortlichkeitssinn, um seine Aufgabe bis in die tiefsten Tiefen zu durchdenken. Rodin versenkte sich noch einmal in die Werke des leidenschaftlich geliebten Meisters, er suchte die Stätten auf, wo Balzac in Paris gelebt hatte, er ging für einige Zeit nach Tours, der Geburtsstätte Balzacs; er verschaffte sich alle vorhandenen Porträts Balzacs, deren Güte und Zahl allerdings gering ist. Eine Büste Balzacs von David steht in der Comèdie Française; Boulanger hat ein kleines Porträt von dem Dichter gemalt, das 1889 auf der Weltausstellung hing; endlich existiert noch eine kleine und mangelhafte Daguerreotypie von Nadar. Ein viel wesentlicheres Dokument war für Rodin die farbige und lebendige Beschreibung, die Alphonse Lamartine von Balzac gegeben hat; sie lehrt uns, dass sogar der Vorwurf, Rodins Balzac sei nicht ähnlich, ungerechtfertigt ist. „Er hatte das Gesicht eines Elements", schreibt Lamartine, „einen dicken Schädel, Haare, die in Strähnen auf seinen Kragen und Backen fielen, wie eine Mähne, die kein Meißel auszuhauen vermag, Augen wie Flammen, einen kolossalen Körper – er war dick, korpulent, viereckig an der Basis und an den Schultern, hatte viel von der Rassigkeit Mirabeaus, aber keine Schwere, er hatte so viel Seele in sich, daß sie all dies leicht trug. Dieses Gewicht schien ihm eher Kraft zu geben als ihm Kraft zu nehmen." Zu Hause bei der Arbeit wickelte Balzac diesen ungefügen Leib fast immer in eine Dominikanerkutte. So saß er am Arbeitstisch; in wildem Fieber glitt eilig die Feder übers Papier. Hoch aufgereckt, in die Dominikanerkutte den Leib gehüllt, den Blick ins Innere gebogen hat Rodin ihn dargestellt.

Die Société des Gens de Lettres war im höchsten Maße unzufrieden über die langsame Entwicklung der Arbeit. Zeigt das nicht schon zur Genüge, dass die Herren ernste, tiefgründige geistige Arbeit nicht gebührend zu bewerten wussten? Sie drängten den Bildhauer, schalten seine Saumseligkeit und gerieten endlich in hellen Zorn, als achtzehn Monate vergangen waren und das Gipsmodell immer noch der Vollendung harrte. Nicht durch die Scheltworte, nicht durch den Zorn der Literaten ließ Rodin sich seine Ruhe nehmen. Es schien ihm wie ein Frevel am Heiligsten, sich bei dieser Arbeit zu überstürzen, das Tempo seiner Arbeit künstlich zu beschleunigen, sich zu hetzen und zu hasten, nur um der willkürlichen Laune dieser Herren Genüge zu tun.

In den Frühlingswochen des Jahres 1898 endlich beendete Rodin den Balzac und sandte das Werk in den Salon. Der Ausschuss der Société des Gens de Lettres fand sich ein, um die Arbeit zu prüfen und wies mit elf Stimmen gegen vier die Statue als unzulänglich zurück. Die Feuilletonisten dieser Literatengesellschaft veröffentlichten am folgenden Tage in verschiedenen Pariser Zeitungen scharfe Verurteilungen dieses Werkes, die teilweise mit giftigstem Hohn und Spott gewürzt waren. Auch Henri Rochefort befand sich unter den Schmähern, dessen Kritik im Intransigeant eines der schmachvollsten Denkmale dieser Zeit ist. Die Société des Gens de Lettres hat durch dieses Urteil sich nicht nur einen trüben Ruhm erworben; ihr ist es auch zuzuschreiben, dass diese Statue, eines der stärksten plastischen Werke aller Zeiten, nicht ausgeführt worden ist. Rodin war in seinem tiefsten Innern aufs schwerste gekränkt. Er hatte sein Bestes gegeben und Hohn und Spott geerntet. Er konnte nichts Besseres tun als sich still zu sich und in sich zurückziehen. Er hätte auf sein Recht pochen können, hätte von der Gesellschaft, die ihm bedingungslos den Auftrag übertragen hatte, die Abnahme und Bezahlung der Statue verlangen können. Dass er es nicht tat, ist ein Zeugnis für seine vornehme Denkungsart.

Einmal schon hatte sich etwas Ähnliches ereignet. Im Jahre 1896 wurde er von der Künstlergenossenschaft in Stockholm zu einer Ausstellung eingeladen. Fritz Thaulow und Prinz Eugen von Schweden waren persönlich bei ihm gewesen und hatten ihn gebeten, einige seiner Skulpturen ihnen für die internationale Kunstausstellung in Stockholm zu überlassen. Rodin folgte der Einladung umso mehr, da Prinz Eugen ihm den Ankauf einer Plastik für das Museum zusicherte. Über die Erwerbung für das Museum hatte offiziell eine Ankaufskommission zu entscheiden; und diese Ankaufskommission lehnte die Erwerbung von Rodins „Innerer Stimme" sehr entschieden ab. Als der König von Schweden einige Monate darauf von dieser Rodin beleidigenden Entscheidung der Ankaufskommission Kenntnis erhielt, schrieb er persönlich einen Entschuldigungsbrief an den Meister, in dem er sich nicht sehr zart über die – „ein wenig borniertsen" – Mitglieder jener Ankaufskommission aussprach; der König bat Rodin um die Rücksendung der „Inneren Stimme", da er sie für seine Privatsammlung erwerben wollte.

Auch das Komitee der Pariser Société des Gens de Lettres wurde bloßgestellt, aber in weit schlimmerer Weise; denn diese Bloßstellung vollzog sich vor der breitesten Öffentlichkeit, vor den Augen ganz Europas. Die Société des Gens de Lettres hatte nicht mit dem geistigen Paris gerechnet, das sie zu vertreten sich nicht rühmen durfte. Am Tage der Eröffnung des Salons, an dem in verschiedenen Tageszeitungen höhnende und vernichtende Kritiken über die Balzac-Statue erschienen, wurden die Freunde und Verehrer des Meisters zu seiner Verteidigung herausgefordert. Feinde hatte Rodin seit seinem ersten Auftreten gehabt. Schon im Jahre 1864 hatten Männer, die offizielle Stellungen bekleideten, ihren Mangel an Kunstverständnis dadurch bewiesen, dass sie seinen Mann mit der zerbrochenen Nase aus dem Salon hinauswiesen. Dreizehn Jahre später waren es wiederum Männer in offiziellen Stellungen, Männer mit hohen Titeln und Orden, führende Persönlichkeiten im Pariser Kunstleben, die den jungen Rodin mit unsauberen Verdächtigungen bewarfen. Aber schon damals sammelte sich eine Reihe erster jüngerer Künstler um ihn, die für ihn eintraten und, wie schon erwähnt wurde, auch seine Rehabilitation erreichten. Die Gruppe, die sich zu ihm gefunden hatte, wuchs von Jahr zu Jahr. Doch es dauerte noch lange, ehe die Tagespresse und die Fachzeitschriften auf den wachsenden Meister aufmerksam wurden. Octave Mirbeau war einer der Ersten, der Rodin Heroldsdienste erwies. Im Jahre 1888 brachte der Studio einige Reproduktionen Rodinscher Skulpturen, im folgenden Jahre The Art Journal. Der Amerikaner Brownel schrieb für diese beiden Zeitschriften einen von feinem Verständnis und weitherzigem Wohlwollen getragenen Text. Brownel erkannte Rodins Genie und hatte den Mut, seine Überzeugung breit und offen zu bekennen und klug zu begründen. Das Studio war in den achtziger Jahren die führende Kunstzeitschrift für ganz Europa; es ist daher verständlich, dass dieser Artikel auch in Paris Beachtung fand. Die Gruppe der Freunde wuchs. Das junge Frankreich, das in Maurice Maeterlinck, Stephan Mallarmé, Stuart Merrill und Gustave Kahn seine geistigen Führer sah, fühlte sich wahlverwandt mit dem größten Bildhauer ihrer Zeit. Gustave Geffroy schrieb damals:

„Le mensonge de l'imitation de l'antique et la défiguration de la nature étaient les deux causes, liées ensemble, de cette mort de la statuaire. Les œuvres que nous voyions alors aux Salons annuels, que nous y voyions encore,

les œuvres qui recommencent sans cesse les attitudes et les gesticulations de l'École et qui prétendent posséder et continuer la tradition de l'antiquité grecque, sont, au contraire, celles, qui la trahissent jusqu'à créer un odieux malentendu. Des générations ont pu croire que cet art faussement classique s'identifiait avec le grand art humain, si frais et si fort, qui dresse les héros dores de soleil, les naïades jaillies des sources, les nymphes errantes aux forêts. Ah! cette beauté de nature emmenée captive par les professeurs, qui la délivrera?

Rodin l'a délivrée. Dès qu'il vint, tout le monde comprit que quelque chose de grand, qui avait été oublié, recommançait. Il ne pouvait pas nous rendre la sérénité antique, avec sa force et sa grâce, mais il nous a rendu la vie. Il a ressuscité la mort, il a reformé les secrets que cache la matière, le mystère de la chair et de la pierre, le frémissement universel. Parmi les froides figures qui semblent des moulages appauvris et des démonstrations d'académies, il a subitement installé la volupté, la passion, la vérité. A lui seul, il est notre Paganisme et notre Renaissance. Il nous a fait entendre de nouveau les chants joyeux et tristes que tout exhale, il a suivi Pan aux halliers des grandes villes, il restera grand et admirable pour avoir découvert en chaque femme la Vénus éternelle."

Im Jahre 1898 war der Freundeskreis Rodins groß und stark genug, um den Fehdehandschuh aufzunehmen, den die Société des Gens de Lettres ihnen hingeworfen hatte. Gustave Geffroy, Octave Mirbeau, Camille Mauclair, Georges Rodenbach ergriffen das Wort, verteidigten Rodin, priesen sein Werk und sammelten feurige Kohlen auf die Häupter der Société des Gens de Lettres. Aber es blieb nicht bei dieser lokalen Zeitungsdebatte. Die Balzac-Affäre wurde Stadtgespräch. Paris teilte sich in zwei Lager. Und bald zog der Kampf für und gegen die Balzac-Statue sogar noch weitere Kreise. In Belgien trat Albert Mockel und in London Arthur Symons für den Meister ein. Rodins Name war in aller Munde. Kunstsammler machten Rodin Angebote, um die Marmorstatue für sich zu gewinnen. In Paris bildete sich unter dem Vorsitz von Pellerin ein Komitee, das auf dem Subskriptionswege die Mittel aufbringen wollte, die zur Ausführung und Errichtung des Denkmals erforderlich waren. Ein Zweigkomitee unter dem Vorsitz von Edmond Picard konstituierte sich in Brüssel. Pellerin sandte Rodin als erste Zahlung aus eigener Tasche 500 Frank; Picard verpflichtete sich ebenfalls zu 500 Frank und zu weiteren 500 Frank für das Maison de l'Art in Brüssel. Noch bevor die Subskription eröffnet wurde, verpflichtete sich ein Verehrer Rodins für die Gesamtsumme von 30 000 Frank. Die Stadt Paris und der französische Staat sahen dieser ganzen Angelegenheit schweigend zu; sie ließen es geschehen, dass ihr größter, lebender Künstler schmählich beschimpft wurde und sie taten nichts, um die ihm zugefügte Schmach von ihm abzuwenden, ihm Ehrfurcht und Dank zu bezeugen. Teilweise infolge dieses Verhaltens der Stadt Paris und des französischen Staates, teilweise weil der Urteilsspruch der Société des Gens de Lettres den Meister zu sehr im Innersten verletzt hatte, lehnte Rodin alle Angebote ab, die ihm für die Ausführung der Balzac-Statue gemacht wurden. Er zog das Gipsmodell zurück, das noch heute in seinem Atelier steht und von seiner Hand kaum mehr ausgeführt werden wird. Nachdem die Société des Gens de Lettres Rodins Modell zurückgewiesen hatte, beauftragte sie Falguière mit der von ihr geplanten Statue, der noch im Laufe desselben Jahres schlecht und recht den Auftrag erledigte und mit seiner belanglosen Durchschnittsleistung den Beifall der Société des Gens de Lettres fand.

In demselben Salon, in dem Rodin die Balzac-Statue zeigte, stellte er die Gruppe „Der Kuß" (Abb. 39 u. 40) aus, die einige Jahre später vom Staat für das Musée du Luxembourg erworben wurde. Der Kampf um die Balzac-Statue hatte plötzlich Rodins Namen in alle Welt getragen. Er, der bis zu seinem achtundfünfzigsten Jahre still und bescheiden nur seiner Arbeit gelebt hatte, den nie lauter Beifall umtost hatte, war plötzlich der Held des Tages geworden. Arsène Alexandre veröffentlichte eine geistvolle Broschüre „Der Balzac von Rodin", die mit scharfem Spott und beißender Ironie gewürzt war, Gustave Geffroy stellte eine ernste und kluge Würdigung Rodins zusammen und Léon Maillard schrieb die erste umfassende Biographie des Meisters, die in ihrer Gründlichkeit und ihrem reichen und schönen Abbildungsmaterial bis heute die wertvollste Arbeit über Rodin geblieben ist. Maillard hat dieses wertvolle Buch seinem älteren Kollegen Geffroy gewidmet.

„Sie erinnern sich, mein lieber Geffroy", begann Maillard, „des wundervollen Festes, das in Calais gelegentlich der Enthüllung der heroischen Gruppe Rodins stattfand: Die Bürger von Calais. Zu welchen Betrachtungen gab dieses Fest Anlaß. Wer hätte denken können, daß es so glänzend verlaufen würde. Um die gewöhnliche Ordnung der offiziellen Veranstaltungen wob sich eine köstliche Harmonie. Die würdevollen Worte und die großen Gedanken, zu denen das Werk des

Meisters inspirierte, schienen sogar den Herzen der gesamten Menge zu entströmen.

Gewiß werden Sie niemals diesen Tag vergessen! Vollzog sich nicht dort unter Ihren Augen die wahrhaftige Anerkennung alles dessen, was Sie gepredigt und verteidigt haben? Stieg nicht der Ruhm Rodins siegreich aus den so verschiedenartigen Kontroversen empor, welche dort zerschellten, wie die Wogen an einem Fels? Ihre große und hohe Bewunderung für den Bildhauer war glücklich in dieser außerordentlichen Huldigung für ihn; – Ihre freiwillige und wohlbegründete Begeisterung, Ihr unermüdlicher Kampf für den Triumph eines Werkes, welches Sie als schön und wertvoll erkannten, machten sich bemerkbar in der Vernunft, dem guten Willen, dem Eifer so vieler einfacher Leute, welche endlich das bekämpfte Hauptwerk, das nun im vollen Tageslicht errichtet war, bewunderten – und ihr zartes Gefühl für den Bildhauer hallte in den vielen, unmittelbar erregten Gefühlen wider, die für ihn entbrannten.

Vor dieser siegreichen Demonstration wandelte sich das widerspruchsvolle Gerede, das dieses Werk von seinem Anfang bis zu seiner Enthüllung begleitet hatte, in lauter Huldigung. Die umstrittenen Formen lebten jetzt…

Die letzten Lichter der Illumination starben an den Firsten der Gebäude, die Musik war verklungen, das offizielle Fest war beendet. Indessen die Bewegung der Menge ruhte noch nicht. Wie wir an der Gruppe der Bürger vorübergingen, sahen wir dort noch Menschengruppen, die sich ernst und verständnisvoll unterhielten. Der so machtvoll dargestellte Heroismus ihrer Vorväter rührte ihr Herz; die großen Gedanken verbanden so verschiedene Menschen zu einer stoischen Hingabe. Die Bewegungen der Menge verschwammen in dem Rhythmus der Meereswogen, den der Wind über die Stadt blies.

Und langsam stiegen wir gegen das Meer hinab…

Die Tage sind vergangen. Der Triumph der Bürger von Calais lebt nur noch wie ein Traum in Rodin. Weder ihm noch seinen Werken ist bis heute der Friede geworden; und in diesem Tumult mußte er die Ruhe für seine Arbeiten finden. Als reiner Künstler aber hat er nicht aufgehört zu arbeiten, seinem Willen zu folgen, ohne sich um sein Mißgeschick zu sorgen…"

Diese schönen Worte setzte Léon Maillard im Jahre 1899 seinem Buche über Rodin voran; in der sich daran knüpfenden Analyse der

Werke des Meisters deckte er mit feinem Instinkt für das Wesentliche alle die Zusammenhänge auf, die Rodin mit der Vergangenheit und mit seiner Zeit verbinden. Dieses Buch Maillards war das letzte Kampfbuch, das für Rodins Ruhm in Frankreich erschien. Ein Jahr später fand die Weltausstellung in Paris statt. Die Erfahrungen, die Rodin bis dahin in seiner Heimatstadt, Paris, gemacht hatte, bestimmten ihn, seine Beteiligung an der offiziellen Kunstausstellung zu verweigern. Rodin erbaute sich einen eigenen Pavillon, in dem er eine Gesamtausstellung seiner Werke veranstaltete. Der Katalog dieser ersten Gesamtausstellung Rodinscher Werke wurde mit besonderer Sorgfalt zusammengestellt. Einige der bedeutendsten Künstler Frankreichs, Freunde des Meisters, setzten dem Kataloge einige Worte voran. Claude Monet schrieb in seiner urwüchsigen, sprachungewandten Art derb und fest etwa: „Die Kunst Rodins ist groß; sie muß und wird ihren Weg machen." Eugène Carrière, Rodins nächster Vertrauter, der das Geheimnis seines Wesens vielleicht am sichersten fühlte, schrieb die schönen und großen Worte: „Die Kunst Rodins entspringt der Erde und kehrt zu ihr zurück; ähnlich den Hünengräbern, Felsen und Dolmen, die die Einsamkeiten fühlbar werden lassen und in denen der Mensch des heroischen Zeitalters sich widerspiegelt. Leidenschaft und Liebe tragen das Denken und das Leben in die Kunst." „Aus dem Victor Hugo und dem Balzac wird man in späteren Zeiten den Geist unserer Zeit herauszulesen vermögen; diese beiden Statuen stellen die Synthese unserer Epoche dar", meinte Besnard. Arsène Alexandre schrieb eine Einleitung zu diesem Katalog, in der er einen kurzen Abriss von Rodins Leben und künstlerischer Entwicklung gab. Am 11. Juni 1900 veranstaltete die Zeitschrift „La Plume" ein Bankett zu Ehren Rodins. Ganz Paris, soweit es im geistigen Leben der Hauptstadt Frankreichs eine Rolle spielte, nahm an diesem Bankett im Café Voltaire teil: A. de la Gandara, Catulle Mendès, Aman Jean, Oskar Wilde, Stuart Merrill, Gustave Kahn, Paul Fort, Henri Albert, Théo van Rysselberghe, Octave Mirbeau, Gustave Geffroy, Léon Maillard, Georges Rodenbach unter vielen anderen. Karl Boès, der Direktor der Plume, brachte den Toast auf Rodin aus. „Im Namen der Jugend, die sich Ihnen zu Ehren hier heute versammelt hat, im Namen der abwesenden Freunde und Bewunderer, die verhindert sind zu kommen, grüße ich Sie, Meister", begann der Redner. *„Frère en gloire devant les siècles de notre grand Puvis de Chavannes, vous êtes, comme lui, de ceux qui empêchent les nations fati-*

guées de désespérer d'elles-mêmes et qui suscitent dans les âmes affaiblies, ainsi qu'un sang de résurrection miraculeuse, l'admiration; l'admiration des chefs d'œuvre, donc l'admiration de ce qui peut être fait de la vie…"

Die Plume veranstaltete während der Ausstellungsmonate eine schöne Sonderpublikation mit 52 Reproduktionen nach Skulpturen, 13 Reproduktionen nach Zeichnungen und 8 Porträts des Meisters. Die bedeutendsten Abhandlungen französischer Dichter und französischer und englischer Kunstschriftsteller sind in diesem Buche zusammengestellt. Am 31. Juli hielt Camille Mauclair in dem Rodin-Pavillon der Weltausstellung, der von einer andächtigen Menschenmenge dicht besetzt war, einen öffentlichen Vortrag. Mauclair stand vor einem internationalen Publikum, unter dem sich viele fanden, denen Rodin bisher eine fremde Größe gewesen war. Die starken Eindrücke, die von seinen Werken ausgingen, hatten natürlich viele verwirrt. Sie suchten sich klar zu werden über das, was sie gesehen, suchten zu einem Urteil zu gelangen. Viele von ihnen suchten sicherlich zu weit, sahen die Einfachheit in dem Werke Rodins nicht. Für sie fand Mauclair die richtigen Worte, als er sprach:

„Das künstlerische Leben Rodins ist einfach, logisch aus materiellen Ereignissen herausgewachsen. Es ist das Leben eines Menschen, welcher seit seiner frühesten Jugend die Nichtigkeit der bürgerlichen Welt verstanden hat, welcher sie durch die Lügen der Sitten hindurch mit einer angeborenen Fähigkeit zur Vereinfachung, mit einer ruhigen Willenskraft, mit einer unfehlbaren Rechtschaffenheit im Denken betrachtet hat. Er ist ein Mensch, den nichts stört, einfach, weil er in sich selbst und in seiner Arbeit einen Daseinsgrund findet: er hat keine Theorien, er gehorcht seiner Natur, indem er sich niemals fragt, warum sie es so macht. Diese naive Ursprünglichkeit ist das Geheimnis seiner Werke.

Er hat ein Sujet, die Menschlichkeit. Er hat leitende Ideen, ohne sich darüber klar zu werden. Er ist Symbolist, ohne es zu wissen. Er hat vollkommene Allegorien geschaffen und hat es vielleicht nicht einmal gewußt. Er stellt Leidenschaften dar. Einige Male hat er seine Sujets der Mythologie entliehen, er hat Faune, Parzen, Ikarus dargestellt. Aber jedesmal ist er in den wahren Sinn der Mythologie eingedrungen, den die Durchschnittsmaler und -bildhauer uns hassenswert gemacht hatten. Er hat den Geist der Mythologie erfaßt, ohne auch nur zu vermuten, daß man sie überhaupt zu Anekdoten mißbrauchen könnte. Man hat ihm eine Philosophie, eine Moral, eine Perversität angedichtet:

er hat nichts von alledem. Alles das sind Erklärungen, die durch verschiedene Personen geliefert worden sind, welche an seinen Werken vorübergingen und darin irgendeine Tendenz, die ihnen gerade gefiel, fanden. Die ganze Welt tat sich darin genug, weil in Wirklichkeit sich in seinem Werk alle Ideen finden, durcheinander gemischt und verschmolzen zu einer einzigen Evidenz, derjenigen des Lebens. Ja, Rodin fühlt das Leben. Er stellt es dar mit allem, was es enthält; er kann nicht die Materie von den Ideen unterscheiden; und er hat die Gabe, in allen Dingen das Mark zu erfassen..."

Solche schlichten und kräftigen Worte waren naturgemäß sehr dazu angetan, in breiten Schichten Verständnis für Rodins Kunst zu wecken. So gestaltete sich durch die propagandistische Unterstützung der bedeutendsten Literaten Frankreichs die Gesamtausstellung seiner Werke zu einem gewaltigen Triumph für Rodin. In seinem sechzigsten Lebensjahr fand Auguste Rodin endlich in seinem Heimatlande und in seiner Heimatstadt die Anerkennung, die er verdiente. Es wurde jetzt wirklich fast in allen Kreisen als lächerlich empfunden, wenn ein Kritiker wie Eugène Guillaume in seinem Bericht über die Skulptur der Weltausstellung in der „Gazette des Beaux-Arts" Rodin, als wäre er irgendein Durchschnittskünstler, trocken unter den mehr oder minder kleinen Talenten des modernen Frankreichs aufzählte und einige seiner Werke mit dem Beiwort „talentvoll" schmückte. Der Sieg gehörte trotzdem Rodin. Auch der Staat wurde sich seiner Pflicht bewusst; er kaufte in den folgenden Jahren nacheinander Arbeiten Rodins für das Musée du Luxembourg. Die Aufträge häuften sich. Aus England, Amerika, Frankreich und Deutschland ergingen Porträtaufträge an ihn, nach allen Himmelsrichtungen hin wurden Skulpturen von ihm verkauft. Jetzt erwachte der Neid der kleinen Kollegen und Missgunst stellte den Meister als einen profitsüchtigen Geldjäger dahin, weil Rodin für seine Skulpturen hohe Preise forderte und plötzlich als ein Mann mit außergewöhnlich hohen Jahreseinnahmen dastand, die viele ihm nicht gönnten. Aber nicht alle Künstler, die bis zu ihrem sechzigsten Lebensjahre auf Erfolg warten, verwenden ihre Einkünfte in so idealer, großartiger Weise. Als Rodins Einkünfte seine materiellen Bedürfnisse überstiegen, begann er die kleine Sammlung von Antiken, die er in früheren Jahren oft unter Entbehrungen zusammengebracht hatte, zu erweitern und auszubauen. Rodins Skulpturensammlung, die sich aus Werken der Antike, des Orients, der Gotik und Renaissance zusammensetzt, ist heute allein schon eine Sehenswürdigkeit; sie umfasst gegen tausend Nummern und ist in einem eigenen Gebäude in Meudon untergebracht.

Die Hauptwerke aus Rodins letzter Zeit, aus den Jahren nach der Weltausstellung sind noch zu nennen. Im Jahre 1901 schuf er „Les Bénédictions", die Krönungsgruppe für das Denkmal der Arbeit und die Marmorfigur: die Morgendämmerung. Im gleichen Jahre vollendete er nahezu das Victor Hugo-Denkmal, das leider infolge persönlicher Differenzen immer noch nicht abgeliefert und aufgestellt worden ist. Aus dem Jahre 1902 stammt die Schöpfung und die Hand Gottes. In demselben Jahre begann er mit der großen Bronzefigur des Denkers, den er 1904 vollendete und im Salon ausstellte (s. Titelbild). Dieses Werk Rodins erregte laute Bewunderung und veranlasste den Kunstkritiker und Direktor der Zeitschrift „Les Arts de la Vie", Gabriel Mourey, eine öffentliche Subskription zu eröffnen, durch die der Denker angekauft und dem Staate geschenkt wurde. Das Ministerium bestimmte diesem Denkmal den Platz vor dem Pantheon. Dort wurde der Denker im April 1906 durch den Staatssekretär der schönen Künste, Dujardin-Beaumetz, feierlichst enthüllt. Aus dem Jahre 1904 stammt weiter noch die Büste des Direktors Guillaume der französischen Akademie in Rom, aus dem Jahre 1905 die Marmorgruppe: Junges Mädchen vertraut sein Geheimnis der Isis, aus dem Jahre 1906 die Büste Berthelots und endlich aus dem Jahre 1907 der Torso eines schreitenden Mannes (Abb. 6) und die Büsten von Madame de Goloubeff, von Miss Fairfax und Mrs. Hunter und der Bronzeguss des Ugolino, den er vom Staat für das Luxembourg-Museum in Auftrag erhielt.

In den achtziger Jahren wohnte Rodin noch bescheiden. Anfangs hatte er zwei nicht bedeutend große Ateliers auf dem linken Seineufer in der Rue des Fourneaux und am Boulevard de Vaugirard an der äußersten Stadtgrenze. Gegen Ende der Achtziger zog er in die Rue de l'Université. Zuerst nahm er dort ein kleines Atelier; Mitte der Neunziger die beiden großen Ateliers, die er heute noch innehat. Vorübergehend nahm er noch ein drittes Atelier hinzu am Boulevard de l'Italie. Er liebte es, wie Oskar Wilde und viele andere, die in Paris leben, mehrere Wohnungen und Arbeitsstätten zu haben, um, wenn die Stimmung es ihm gebot, sich ganz in die Einsamkeit zurückziehen zu können. In der zweiten Hälfte der neunziger Jahre siedelte er sich in Sèvres und bald darauf in Meudon an.

Auf dem Gipfel eines Abhangs von Meudon, auf einem welligen Terrain steht die „Villa des Brillants", Rodins Heim. Das Haus liegt einsam und beherrscht die Höhen, von denen vor 37 Jahren der Donner der deutschen Kanonen das Fort d'Issy beschoss; ein reicher, weiter Garten umschliesst das Haus, zu dessen Füßen sich links das Städtchen Meudon lagert und rechts das üppige „Blumental", wie dieser Landstrich im Volksmund heißt. Die Farben sind lebhaft; blumenreiche Gärten schauen den Hügel hinauf, Hütten sind dazwischen verstreut und nach Clamart zu ragen Fabrikschlote in die Höhe. In der Ferne unten sieht man hinter den Terrassen von Bellevue die Brücke von Sèvres und darunter das blaue Band der Seine. Hebt man den Blick nach rechts, hat man ganz Paris vor sich, die Riesenstadt mit ihren Kuppeln und Türmen, mit ihren breiten Plätzen und ihrem mit Grün durchwobenen Häusermeer. Die Augen können sich hier ausruhen; der Geist, der sich drunten im Getümmel der Stadt müde gearbeitet hat, kann hier sich Labung holen in dem Frieden der Natur, in der freien Weite.

In dem Empfangsraum, dem Zimmer des Hausherrn, hängen die Porträts, die seine Freunde, Eugène Carrière, John Sargent, Jean Paul Laurens, Avidgor und A. Legros in verschiedenen Lebensaltern von ihm gemalt haben; daneben hängen Andenken und Geschenke der Freunde, Bilder von Monet, Degas, Pissaro, Cottet; auch Werke junger, unbekannter Talente aus dem Kreise der Indépendants, Gravuren von Braquemond, Bilder der venezianischen und holländischen Schulen. Die Bibliothek ist reich bestellt: neben den griechischen, römischen und französischen Klassikern steht eine schöne Ausgabe der Werke Balzacs und Wildes, stehen auch die Bücher mancher deutscher Dichter, die dem Meister ihre Werke übersandten. Nach Schluss der Weltausstellung ließ Rodin den Pavillon, den er für die Sonderausstellung seiner Werke hatte erbauen lassen, abbrechen und neben seinem Wohnhaus in Meudon aufstellen. Dieser einfache und zweckmäßige Eisenkonstruktionsbau mit Ober- und Seitenlicht dient dem Meister als Arbeitsstätte. In dem Portal dieses schönen Ateliers sind eine Reihe der wertvollsten Antiken aus Rodins Besitz aufgestellt.

Hier empfängt Rodin für gewöhnlich seine Gäste inmitten der zahlreichen fertigen und halbfertigen Skulpturen, die alle durch Leinentücher verhängt sind. Das Gipsmodell der Kolossalstatue Balzacs beherrscht den gesamten Raum. Gipsabgüsse und Modelle in Ton und Stein sind in Glasschränken untergebracht, ringsum an den Wänden entlang stehen über neunhundert Bleistift- und Tuschzeichnungen, auch einige landschaftliche Studien, die Rodin seinerzeit in Brüssel entwarf. Die Skulpturensammlungen Rodins sind in zwei Nebengebäuden untergebracht; aber auch sie reichen bald nicht mehr aus. So entschloss sich Rodin vor wenigen Jahren weiter unten in der Stadt noch ein zweites Gebäude zu erwerben, in dem er einen Teil seiner eigenen Werke und einen Teil seiner Sammlungen aufstellte. Doch diese Zerrissenheit seiner Arbeitsstätten und Sammlungen gefiel ihm nicht länger, so dass er im Jahre 1907 sich zu einem umfangreichen Neubau entschloss, der hart am Abhang des Hügels seinen Platz finden soll und sowohl seine Ateliers wie seine Skulpturensammlungen aufnehmen soll. Eine Säulengalerie wird dieses Gebäude umlaufen, von der aus man den freien Blick auf Paris und die Umgegend noch köstlicher wird genießen können. Im Sommer des Jahres 1908 hofft Rodin dieses neue Haus, das wie ein Tempel den Hügel von Meudon krönen wird, einweihen zu können.

Der erste Eindruck, den Rodins Erscheinung weckt, wird für die meisten eine Enttäuschung sein. Eine kurze, breite, gnomenhafte Gestalt, dessen linke Schulter ein wenig abfällt, dessen Rücken ein wenig gekrümmt ist. Fest in den Körper geklemmt sitzt das Riesenhaupt, das ein dichter, graumelierter Vollbart ganz umrahmt. Breite Furchen hat das Leben ihm in die Wangen gegraben; auch die starke, breite und fleischige Nase ist mit Linien gezeichnet. Die kräftigsten Furchen aber sitzen auf der schönen, hohen und edlen Stirn. Hebt er den Blick, sieht man die schönen, tiefliegenden, meistens zusammengekniffenen Augen. Zögernd, mit wiegenden, ein wenig schlürfenden Schritten kommt er dem Besucher näher; in der Linken hält er den Kneifer an einer Litze vor sich her; die rechte Hand hängt am Körper herunter. Leise, gedämpft aus verschleierter Stimme fließen die Worte ihm von den Lippen. Er ist schüchtern, verlegen, immer noch ein wenig unbeholfen, in der großen Welt die Rolle eines weltberühmten Großen zu spielen. Er ist liebenswürdig und verbindlich, hat durchaus nicht die Allüren eines ruhmgekrönten Helden des Tages. Einfach, natürlich und menschlich ist seine Art. Hat man das Glück ihm näherzutreten, gewinnt man in ihm bald einen Freund, mit dem beisammen zu sein die reichste Anregung bietet. Er weiß jedes Gespräch gleich auf allgemeine Fragen zu lenken, hat immer große Gesichtspunkte, die dieser rastlose Denker, dessen Hirn noch heute in ungebrochener Kraft arbeitet, bis in die letzten Bezirke durchdacht hat. Niemals stand jemand leer von seiner Tafel auf. Jeder nimmt einen Überschuss von Gedanken, ein reiches Maß von Eindrücken und Anregungen mit, die er sprudelnd ausstreut. Es ist ein köstlicher Genuss, mit ihm über die Dinge der Kunst zu reden, während auf seinem Tische vor ihm eine der schönsten Antiken der Welt steht, eine zarte, weibliche Figur, deren sinnvolle Schönheit wie eine frühe Schwester der Mona Lisa erscheint, während um ihn und den Gast die schlichteste, einfachste Hausfrau sich emsig und vorsichtig sorgt, deren verblühte Züge die einstige Schönheit noch ahnen lassen. Man wähnt sich weit fort von Ruhm, Erfolg und allen äußerlichen Dingen dieser Welt in innerer Gemeinsamkeit mit einem großen, starken und gütigen Menschen.

Aber nicht jedem erschließt sich der Meister. Hart und abweisend ist er häufig gegen zudringliche Fremde, die, wenn sie neugierig und naseweis, ihn ärgern und ihn zum Zorn reizen. Er ist dann stumm und abweisend, zeigt unverhohlen seine schlechte Laune und findet rasch Mittel und Wege, ihnen die Tür zu weisen.

Von seiner, ich möchte sagen, bäuerischen Unbeholfenheit im Leben hat er bei seinem ersten Besuch in England einen komischen Beweis gegeben. Vor etwa drei Jahren wurde er nach London eingeladen. Eine Künstlerdeputation und ein Abgesandter des Königs begaben sich nach Dover, um den Meister bei seiner Ankunft auf englischem Boden zu begrüßen. Ein Salonwagen stand bereit. Aber Rodin war nirgends zu sehen; schließlich fand man ihn, als er gerade bewaffnet mit einer ungeheuren Reisetasche in ein Kupee dritter Klasse einsteigen wollte, aus dem man ihn noch rechtzeitig rettete und ihn in den Salonwagen hineinkomplimentierte. In London wurde ihm zu Ehren ein großes Bankett veranstaltet, wo ein Engländer eine englische Rede auf ihn hielt, von der Rodin natürlich kein Wort verstand. Als der Redner im Laufe seiner Rede von dem größten Bildhauer der Welt sprach, der heute in ihrer Mitte säße, klatschten alle begeistert Beifall und Rodin selbst, der nicht wusste, wem der Beifall galt, klatschte vergnügt mit, eben weil alle anderen klatschten …

Eine junge französische Schriftstellerin, die in diesen Jahren des Ruhmes Rodin nahekam, wurde sein Eckermann. Es ist kein Wunder, dass Rodin sich vor zarten und feinen Frauen leichter aufschließt als Männern gegenüber, die nur zu oft kommen, um zu kritisieren, zu urteilen, bevor sie sich Zeit genommen haben die Welt in sich aufzunehmen, die sich in seinen Werken ihnen auftut. Judith Cladel hat die Gespräche, die sie vor neun und zehn Jahren mit Rodin in seinem Atelier, auf Spaziergängen und auf Wanderungen durch den Louvre gepflogen hat, sorgfältig niedergeschrieben und in einem Buche gesammelt, das manchen wertvollen Einblick in Rodins Geisteswelt gewährt. Einige der wertvollsten Aussprüche, die sein Verhältnis zur Kunst illustrieren, entnehme ich diesem schönen Buche. Sie mögen hier Platz finden:

„Die Japaner sind große Bewunderer der Natur. Sie haben sie studiert und in einer wundervollen Art und Weise verstanden. Denn, Sie wissen, Kunst heißt Naturstudium. Dieses Studieren hat die Größe der Antike und die Größe der Gotik bestimmt. Die Natur ist alles. Wir erfinden nichts, wir schaffen nichts. Das sage ich Ihnen, wie ich es meinen Schülern sage. Die Literatur ist eine Kunst, welche mir in ihren Einzelheiten verschlossen bleibt. Aber ich bin sicher, daß für den Literaten dasselbe Gesetz besteht wie für den Bildhauer. Die Griechen haben nur wiedergegeben, was sie gesehen haben mit einer gewissen Übertreibung der charakteristischen Formen. Nur sie haben eine Aufrichtigkeit an den Tag gelegt, eine Ehrlichkeit, wunderbar. Ja! Man muß aufrichtig sein. Man muß sich in jedem Augenblicke seiner Karriere ebenso stark, wie man an sich glaubt, sagen: Ich weiß, daß ich in meiner Natur einige Partien weniger gelungen gelassen habe. Das Publikum wird es nicht bemerken. Ich werde es das nächste Mal besser machen. Wenn das Publikum es nicht bemerkt, so werden Sie selbst es doch bemerken. Wem es zur Gewohnheit wird, die Schwierigkeiten zu eskamotieren, wer sich mit einer liederlichen Arbeit zufrieden gibt, dessen Arbeit wird bald ganz schlecht. Man darf sich niemals mit seinem Gewissen abfinden, selbst nicht in nichtigen Dingen, später werden die nichtigen Dinge alles. Die Kunst erfordert besonders in der Jugend eine Langsamkeit, eine Geduld, von der die meisten Menschen sich gar keinen Begriff machen; sie ist schwierig zu verstehen und schwierig auszuüben.

Heute will man zu schnell vorwärts; man nimmt sich sogar nicht einmal die Zeit zur Selbsterkenntnis. Die jungen Leute stürzen sich auf die erste Originalität, der sie begegnen, und ahmen sie nach, ohne zu versuchen sich Rechenschaft zu geben, was ihnen not tut. Die gewollte Originalität, die Bizarrerie hat keine Existenzberechtigung. Gewollte Originalität wird eine Konvention wie alles übrige. Man muß auf der Natur aufbauen; nachher kann man sich auf sein Temperament verlassen und mit ihm die Kunst durchdringen. Das Temperament widersteht und vermag sich immer auszudrücken, wenn es wahrhaft solide ist. Wie ein Gebirgspferd findet das Temperament immer seinen Weg auch dort, wo andere nicht gehen können. Aber wenn man vor Beendigung eines ausgedehnten Studiums mit wohl überlegtem Entschlusse sich dieser oder jener Manier verkauft, so macht man aus der Skulptur nur eine schlechte Literatur. Einige junge Leute laufen in die Museen; kommen sie wieder heraus, sagen sie sich: Wir werden uns umbilden, wir haben gegenwärtig eine andere Seele, eine japanische Seele, eine Seele à la Botticelli und wir werden mit neuen Gedanken arbeiten. Sie haben ja vielleicht in Wirklichkeit eine Seele, aber eine Diebesseele...!

Die wahre Tradition der Arbeit ist dahin. Anatole France sagte mir heute morgen: ‚Ehemals brachte der Kunstschüler zwei Jahre bei seinem Meister zu, um das Atelier zu kehren, die Farben anzureiben und anderen als Modell zu dienen, bevor er zu malen anfing.' Das ist wahr. Heute erreicht man alles zu leicht und der Wunsch hat nicht mehr Zeit, sich zu kräftigen. Durch Überwinden von Widerständen und Hindernissen kommt man zu Kraft und Charakter. Die Antiken haben dieses Fieber, das zu nichts führt, niemals gekannt; sie bewunderten die Schönheit und stellten sie dar. Sie stellten sie dar, indem sie sie schärfer aus der Natur herausarbeiteten; denn die Kunst verlangt kein regelrechtes Kopieren. Die Gotiker waren auch sehr große Realisten, begabt mit einem wundervollen Gefühlsleben. Aber obwohl ich die Kraft ihrer Kunst fühle, obwohl sie mich durch und durch ergreift, so kann ich mir immer noch nicht ihre Kunstmittel erklären. Die Bildhauer der Renaissance besaßen den gleichen Enthusiasmus wie die Griechen, die gleiche Liebe mit ein wenig mehr Scharfsinn, einen gewissen Sinn für Anordnung, im ganzen ein wenig geistreicher. Aber alle diese Menschen lebten in einer Zeit, in der man die Kunst liebte; sie bewegten sich in dem allgemeinen Zeitgeschmack, während man in unserer Zeit durchaus außerhalb desselben steht. Er existiert für die Menge nicht mehr. Die Alten umgab eine Atmosphäre, die unentbehrlich für einen Künstler ist, um vollkommen groß zu sein. Heute hat die Menge keine Größe mehr; sie sinkt, darin liegt der Fehler; niemals werden wir Heutigen durch sie unterstützt. Daraus wird sich in dreißig oder vierzig Jahren eine vollständige Dekadenz ergeben...

Als man sich entschlossen hatte, die Antike zu kopieren, was haben wir daraufhin gehabt? Nun wohl, die Skulptur des Zeitalters Louis Philippe; das will sagen, das Häßliche des Häßlichen. Man sagt zuweilen von mir, daß ich mich den Griechen nähere. Vielleicht ist es wahr; aber nicht, indem ich sie kopiere oder ich hätte nichts anderes gemacht, als was im Zeitalter Louis Philippes gemacht worden ist …

Ich beobachte mein Modell lange; ich zwinge es nicht in gesuchte Posen. Ich lasse es gehen und kommen im Atelier wie ein ungezügeltes Pferd und ich zeichne die Beobachtungen auf, die ich mache. Durch dieses geduldige Verfahren habe ich zuweilen das Verfahren der Griechen wiedergefunden dank der Arbeit selbst und nicht, indem ich ihre Statuen studierte. Zu ihrer Methode bin ich in dem Höllentor zurückgekehrt, indem ich auf die Mittel zurückgriff, die die Meister der Renaissance angewandt haben, z.B. diese Vermischung von Figuren in Basrelief und in Rundform, um jene schönen blonden Schatten zu haben, welche so viel Zartheit geben. Dieses Verfahren habe ich nicht aus schon geschaffenen Werken herausgeholt, sondern ich habe mich desselben bedient, weil es sich aus meinem Modell ergab, ebenso wie die Bildhauer des sechzehnten Jahrhunderts es durch ihre Modelle gefunden haben: das war also ein glücklicher Fund, nicht ein Diebstahl. Das sind die Mittel, wie man verlorene Quellen wiederfindet, die sich plötzlich von neuem erschließen.

Aber man macht diese Entdeckungen nicht in einigen Tagen. Welche Geduld, welches Ausharrungsvermögen erfordert die Kunst. Nichts ohne Arbeit. Wenn man hastet, wenn man eilig ans Ziel dringt, wenn man die Arbeit nicht als Selbstzweck betrachtet, wenn man an den Erfolg denkt, an das Geld, an Dekorationen, an Aufträge, so ist man am Ende. Solche Menschen werden niemals Künstler werden. Sie werden Dinge machen, welche gefallen, weil sie mittelmäßig sind, sich dem Geschmack der Menge nähern und ihrer kurzsichtigen Intelligenz; aber niemals werden sie wahrhafte Künstler werden. Und wie leicht kann man von seinem Wege abkommen. Ein Mann, welcher zu sehr die Frauen liebt, ist verloren. Das genügt. Man kann nicht mit zwei Passionen leben. Man würde elend zugrunde gehen wie Marsyas durch Apollo.

Indessen, man behauptet immer, die Künstler haben ihre Inspiration im Feuer der Liebe. Die Inspiration. Ach! Ach! Ach! Das ist ja eine alte, romantische Idee, die gar keinen Sinn hat. Die Inspiration, das soll heißen, ein Donnerschlag treibt einen Jüngling von zwanzig Jahren plötzlich, eine Marmorstatue zu machen, mit einem Schlage ein Hauptwerk zu vollenden aus dem Delirium seiner Imagination heraus, während der Nacht. Gewöhnlich ereignen sich ja solche Delirien in der Nacht, ich weiß nicht warum.

Das ist Unsinn. Je jünger man ist, um so mangelhafter ist die Erkenntnis. Man liebt die Arbeit nicht, weil man nicht zu arbeiten versteht. Alles, was man auf einen Schlag in Eile und exzessiver Exaltation macht, ist man gezwungen zu zerstören. Solche Inspirationen sind vom Übel... –

Wenn Lombroso und andere sich einbilden, das Genie grenze an Wahnsinn, so ist das absolut falsch. Das Genie ist die Ordnung selbst, die Konzentration aller Fähigkeiten des Maßes und des Gleichgewichtes. Man hat oft meine Skulptur als das Werk eines Exaltierten bezeichnet. Ich bin das Gegenteil eines exaltierten Menschen, mein Temperament ist vielmehr schwerfällig und weich. Ich bin nicht ein Träumer, sondern ein Mathematiker: meine Skulptur ist gut, weil sie geometrisch ist. Ich leugne nicht, daß sich in meinen Werken Erregung findet; aber nur, weil sie wahr sind. Diese Erregung findet sich nicht in mir, sondern in der Natur, in der Bewegung. Das göttliche Werk selbst ist erregt. Ach die Natur! Die Natur...

Die Natur, ich bewundere sie jetzt und ich finde sie so vollkommen, daß, wenn der liebe Gott mich rufen würde, um mich zu fragen, was er darin ändern solle, so würde ich ihm antworten: alles ist gut und nichts dürfe angerührt werden...

Die Büste Rocheforts (Abb. 22) und der Victor Hugo (Abb. 25) sind dem Manne, der vor der Natur erwacht, überlegen; indessen diese zweite Manier habe ich nur durch die erste, welche das genaue Studium darstellt, erreichen können; durch sie habe ich die anatomischen Kenntnisse und manche Weisheit gewonnen. Erst nachher habe ich begriffen, daß die Kunst ein wenig mehr erfordert als Größe, eine Art von Übertreibung. Ich habe es Ihnen neulich angedeutet und ich werde es Ihnen heute erklären. Flaubert, glaube ich, hat gesagt: ‚Die wahrhaft Großen sind die, die übertreiben.' Das ist eine gut gesagte Wahrheit. In der Bildhauerei muß man die Muskelbündel betonen, die Verkürzungen bezwingen, die Löcher aushöhlen. Das gibt Kraft und Breite. Die Skulptur ist die Kunst der Löcher und der Buckel, nicht die Sauberkeit der glatten nicht durchmodellierten Figuren. Nur die Laien sagen vor den richtigen Entwürfen und den zusammengedrängten Arbeiten: Das ist noch nicht fertig; ganz das Gegenteil davon, da das einzig und allein durch die Arbeit hervorgebracht ist, damit man die Festigkeit des Ganzen erhält und die Eigenschaft des Lebens. Das Modell ist der Reflex des Lebens, das Leben selbst. Denn es existiert in allem. Das Publikum versteht das nicht; es verwechselt Kunst mit Sauberkeit; es ist an glatte, sozusagen vereinfachte Figuren gewöhnt, einfach, wie gezeichnete Skulptur; das ist der berühmte neugriechische Stil, der uns so viele schlechte Skulpturen beschert hat.

Genau die Natur kopieren ist nicht der Zweck der Kunst. Ein Gipsabguß nach der Natur ist die vollkommenste Kopie, die man erhalten kann. Aber der ist ohne Leben, ohne Bewegung, ohne Beredsamkeit. Man muß übertreiben. Die Naturen, welche wir sehen, sind Vergrößerungen, diese Übertreibung in den Flächen, die die Flächen erlauben, führt als Kontrast anderen Partien Feinheit und Anmut zu, wohlverstanden, wenn der Geschmack des Künstlers gerecht verfuhr. In der Skulptur hängt alles davon ab, wie man die Modellierung ausführt, indem man die belebende Linie der Fläche sucht, um die Vertiefungen und die Buckel zu machen mit den Übergängen, welche sie untereinander verbinden, die harmonischen Übergänge von Licht und Schatten. Durch die Modellierung erhält man in derselben Zeit jene schöne Weichheit, die Eleganz, die Morbidezza gleichzeitig mit der Kunst. Indessen handelt es sich nicht darum, in einem Körper eine Partie zu betonen und die andere zu vernachlässigen. Jede muß proportionell übertrieben werden, gemäß dem Ton, den man anschlagen will, aber immer im Verhältnis zum Ganzen; und der Grad und das Maß dieser Übertreibung variiert mit jedem Künstler; der Geschmack entscheidet da. Auf diese Weise übersetzt sich das Temperament des Künstlers in die Kunst.

Die Konstruktion, das Modelé gab den Antiken die Kraft. Sie verstanden sich auf den Aufriß. Das Detail für sich zu bearbeiten ist ein Hauptfehler. Es muß so weit wie irgend möglich durchgeführt werden, aber immer im Verhältnis zum Ganzen. Es handelt sich nicht darum in einer Büste eins nach dem andern zu machen, die Wange, die Nase, den Mund, das Auge. Man muß zuerst die Massen studieren und anlegen. Ein Kopf erscheint wie eine Figur mit Transformationen. Man könnte sagen, daß jede Form eine Kugel mit Transformationen ist. Aber jedes Profil verschiebt diese Kugel. Man muß also, um sie zu konstruieren, sich fortgesetzt um sie herum bewegen und jedes der Profile in seinen wahren Grenzen wiedergeben. Durch Profile in die Tiefe arbeiten und nicht auf den Oberflächen; aus dieser Sicherheit der Arbeit ergibt sich alles übrige; sonst macht man flache Sachen, Stücke, die bestimmt sind, nur von einer Seite betrachtet zu werden. Sehen Sie den Unterschied. Wenn ich die Hand flach auf diesen Stein lege, den Daumen gegen den Sockel, so haben wir das alte, flache, akzentlose Basrelief. Während wenn ich's so mache – er stützte die Hand mit dem Gelenk auf den Stein und spreizte die Finger in die Luft – die Hand in der Tiefe erscheint und Valeur hat; sie hält ihren ganzen Umfang in die Luft. Macht ein Bildhauer es so, sagt man, er hat Genie; das will aber nur besagen, daß er sehen kann.

Es gibt keinen Idealismus; es gibt nur ein Handwerk. Das Handwerk ist alles; aber gerade das will man nicht glauben. Man glaubt lieber an irgendeine anormale Sache, an etwas Übermenschliches als sich von der Wirklichkeit Rechenschaft zu geben. Aber die Griechen waren einfach Gelehrte; ihre Kunst ist Geometrie. Das Handwerk, die langsame und nachdenkliche Arbeit scheint weniger schön als die Inspiration; macht weniger Eindruck und doch sind sie die Grundlage der Kunst."

„Erotische Skulpturen" – sagte mir Rodin einmal kopfschüttelnd, – „ich liebe es nicht, daß man irgendwelche meiner Skulpturgruppen unter diesen Sammelnamen zusammenfaßt. Ich habe keine erotischen Skulpturen gemacht; ich habe niemals eine Skulptur der Erotik wegen gemacht. Das begreifen die meisten nicht, weil sie die Skulptur überhaupt nicht begreifen, weil sie in der Skulptur beständig irgendwelche literarischen oder philosophischen Ideen suchen. Die Skulptur ist die Kunst der Formen. Ich habe menschliche Körper in der Umarmung, in der Erregung dargestellt, Körper, die sich aneinander anschmiegen, die sich wild umschlingen, die sich voneinander losreißen; aber das ist ganz etwas anderes: das sind erregte Naturformen. Die Natur ist immer schön. Niemals ist sie häßlich. Wo sie uns häßlich erscheint, verstehen wir die Natur einfach nicht. Und wie viele Künstler deformieren die Natur, indem sie sie interpretieren. Ein Mann im Gehrock, eine Frau, die sich schminkt, das ist häßlich; aber ist das die Natur? Nein, das ist Unnatur. Man muß sich ganz in die Natur versenken, um sie ganz zu begreifen…"

Und ein anderes Mal: „Je älter ich werde, um so schwärmerischer wird meine Bewunderung für die Antike. Wie haben die Griechen die

Schönheit verstanden, mit welcher Kraft und mit welcher unvergleichlichen Meisterschaft haben sie die Schönheit in Stein umzubilden verstanden. Sehen Sie diese Büste. Das ist aus einem Guß, auf einen Wurf gemacht. Wie schließen sich die einzelnen Faktoren leicht und natürlich zu einem Gemeinsamen zusammen. Das kommt daher, weil die Griechen niemals isoliert das Einzelne bearbeiteten, sondern immer den Sinn auf das Ganze, die große Harmonie gerichtet hatten."

„Fragt mich jemand: ‚Was stellt dieses Werk vor?', so antworte ich ihm: Das ist Skulptur. Skulptur ist die Kunst der Buckel und Höhlungen; die Kunst, die Formen im Spiel von Licht und Schatten darzustellen."

„In unserem Zeitalter töten wir in unserem Herzen die Schönheit des Lebens. ‚Das Leben ist traurig, der Mensch ist häßlich', — das hört man alle Tage. Das sind Ideen kranker Menschen. Für mich existiert diese Philosophie des Leidens nicht mehr."

Diese Aussprüche Rodins, die sich leicht ums Zehnfache vermehren ließen, sind uns wertvoll für die Erschließung seines eigenen Wesens, vermitteln uns einen kostbaren und tiefen Einblick in seine Anschauungen, in seine Auffassung von der Skulptur der Vergangenheit und unserer Zeit und endlich in seine Arbeitsweise. Viele dieser Aussprüche, deren besonderer Reiz im Unmittelbaren und Persönlichen liegt, enthalten allgemeine und beherzigenswerte Wahrheiten. Stutzt man zuweilen, mag man sich erinnern, dass die Aussprüche ganz intimen Gesprächen nacherzählt sind. Würde Rodin selbst zur Feder greifen, wozu ihm Zeit und Lust mangelt, so würde er vielleicht einigen Gedanken eine andere Fassung gegeben haben. Doch im Großen und Ganzen würde er das Bild, das wir durch diese niedergeschriebenen Gedanken gewonnen haben, kaum verändern.

Bevor ich zur ästhetischen Würdigung der Skulpturen Rodins übergehe, möchte ich noch kurz ein paar Worte über die Würdigung sagen, die Rodin in Deutschland gefunden hat. Allen voran ist der Name Georg Treus zu nennen, des Direktors des Albertinums in Dresden. Noch bevor Rodins Ruhm in Frankreich selbst durchgedrungen war, hat Treu für Rodin in Deutschland Propaganda gemacht. In Wort und Schrift hat Treu für Rodin gewirkt und schon vor zehn Jahren Rodinsche Werke in die großartige Skulpturensammlung des Dresdener Albertinums aufgenommen. Einen hübschen Aufsatz hat Anna Brunnemann im Jahre 1901 in der „Gegenwart" veröffentlicht. Die erste deutsche Monographie über Rodin schrieb der Dichter Rainer Maria Rilke im Jahre 1902; sie ist ein schöner Hymnus auf das Lebenswerk Rodins. Einen sehr wertvollen Beitrag zum Verständnis Rodins brachte der Berliner Philosoph Georg Simmel im Herbst 1902 im „Zeitgeist"; er war der erste Deutsche, der zwischen Rodin und Nietzsche eine Parallele zog.

„Wie Nietzsche zeigte", schreibt Simmel, „daß unsere Moral nur eine von vielen war, neben der noch andere Arten von Moralen möglich sind, so hat Rodin durch die Tat bewiesen, daß der klassizistische Stil, den man für den Stil der Plastik zu halten pflegt, keine absolute, sondern eine historische Form ist, neben der unter anderen historischen Bedingungen noch andere ihr Recht haben..."

„Michelangelo", heißt es weiter bei Simmel, „beschloß die Plastik. Was nach ihm kommt, ist entweder barocke Ausartung, oder, selbst in den edleren Erscheinungen, Epigrammwerk, unter seiner und der Antike Botmäßigkeit. Nur in der Porträtkunst in der die Individualität der Aufgabe einerseits den traditionellen Schematismus am trostlosesten fühlbar macht, anderseits die kräftigeren Geister zu immer neuen Synthesen von Natureindruck und Stilforderung aufregt – nur in der Porträtkunst treten Persönlichkeiten wie Houdon und Hildebrand origineller hervor. Aber sie bleiben selbst individuelle Erscheinungen, es fehlt ihnen die Weite der stilbildenden Kraft..."

Endlich: „Nur in einem Teil des Rodinschen Gesamtwerkes herrscht unzweideutig der neue Stil, der in Rodin durch die Verschmelzung des modernen Geistes mit dem Kunstgefühl Michelangelos erzeugt wurde, – jenes gleichsam als das weibliche, dieses als das männliche Prinzip gedacht. – Indem er in dieser Ausdrucksweise zeigt, was er kann, offenbart er in solcher Vielumfassung den modernen Geist seiner Extensität nach; in einem Bruchteil seines Werkes aber offenbart er, was er ist, und damit die Intensität des modernen Geistes."

Im Frühjahr des Jahres 1903 brachte die „Kunst für Alle" eine Rodinnummer, für die der Bonner Professor Paul Clemen den Text schrieb. Clemen polemisiert in diesem Aufsatz gegen die Einseitigkeit der Adolf Hildebrandschen Theorien.

Clemen schreibt: „Hildebrand hat uns das Gesetz des Fernbildes, des reinen Gesichtseindruckes in seinem ‚Problem der Form' eingeprägt, in seiner gedrängten, schwer flüssigen, schwer verständlichen Sprache; um so zäher scheint jetzt auch dieses Gesetz in den Vorstellungen zu haften. Ob mit Recht? Ist es denn wirklich ein Gesetz? Oder nur eine Erfahrungstatsache? Die innere Notwendigkeit, Fernbilder zu schaffen, besteht doch zunächst nur, wo eine Figur oder eine Gruppe aus der Ferne gesehen werden soll, und dann dort, wo ein oder vorzugsweise ein einziger Punkt oder eine einzige Linie zum Beschauen des Kunstwerkes gegeben ist. Das alles aber gilt doch schon nicht für eine Gruppe, die in einem verhältnismäßig engen Raum frei aufgestellt gedacht ist, so daß wir von allen Seiten um sie herumgehen können. Rodin schien es, daß jenseits dieser Darstellungsart, die auf einem Plan, vor einem Plan eine Figur aufbaute, noch eine andere, vielleicht eine höhere Kunst liegen mußte, die bei allen Seiten einer Gruppe zugleich einsetzte, nicht einen, nein ein Dutzend und mehr Umrisse im Auge hatte, die Figuren von allen Seiten gleich bedeutend, gleich ausdrucksvoll gestalten wollte. Er begann eine Gruppe von allen Seiten zugleich, nahm in zahllosen Skizzen die Silhouetten von allen Seiten auf, und vertiefte, verschärfte, vereinfachte diese, um sie dann miteinander zu vereinigen. Das ist es, was er ursprünglich das mouvement dans l'air genannt hat. Nicht die Atmosphäre selbst hat er hier etwa mitschildern wollen, wie man mißverständlich gemeint, sondern seine Körper von allen Seiten aus dem Spiel dieser Atmosphäre darbieten zu wollen. Das klassische Beispiel dieser Kunst ist der Kuß."

Eindringlicher und überzeugender hat niemand den Unterschied zwischen Hildebrand und Rodin und die Überlegenheit Rodins als stilbildende Kraft dargestellt, selbst Julius Meyer-Graefe nicht, der im Jahre 1904 in den Kapiteln über die moderne Skulptur in seiner Entwicklungsgeschichte den weitesten Blick beweist und Rodins Stellung innerhalb dieser Entwicklung markant fixiert hat.

Seit Ende der neunziger Jahre begegnete man auf deutschen Kunstausstellungen hin und wieder Werken von Rodin: die Berliner und Wiener Sezession, die Dresdener Kunstausstellungen zeigten am häufigsten Rodinsche Skulpturen; einzelne Arbeiten wurden auch in München ausgestellt. Die lehrreichste Ausstellung war die Ausstellung 1903 in Wien, die die Entwicklung des Impressionismus in Malerei und Plastik demonstrierte. Muther und Meyer-Graefe hatten sich um diese denkwürdige Ausstellung besondere Verdienste erworben. Die ganze Entwicklung der Plastik von Houdon zu Rude, Carpeaux, Rodin, Rosso und Vigeland wurde vorgeführt. Eine große Kollektivausstellung Rodinscher Werke wurde 1902 in Prag veranstaltet. Eine zweite Kollektivausstellung Rodinscher Werke fand im Jahre 1904 in

Düsseldorf statt. 25 Marmor- und Bronzewerke und gegen 40 Gipsabgüsse waren auf dieser internationalen Ausstellung vereinigt, zu deren Eröffnung Rodin selbst nach Düsseldorf reiste. Endlich sei erwähnt, dass die Universität Jena Auguste Rodin zum Ehrendoktor ernannt hat.

Im Besitz öffentlicher Sammlungen finden sich folgende Werke Rodins:

1. Frankreich

Amiens: Musée de Picardie	Buste de Puvis de Chavannes, Marmor
Lyon: Musée de Lyon	L'Ombre, Bronze
	La Tentation de St-Antoine, Marmor
Paris: Musée du Luxembourg	L'Age d'airain, Bronze
	St-Jean-Baptiste, Bronze
	Bellone, Bronze
	Le Baiser, Marmor
	Tête de femme, Marmor
	Danaïde, Marmor
	Celle qui fut Heaulmière, Bronze
	Cariatide écrasée, Bronze
	La Pensée, Marmor
	Buste de Falguière, Bronze
	Buste de Puvis de Chavannes, Bronze
	Buste de Jean-Paul Laurent, Bronze
	Ugolino, Bronze
	Vase décoré de figures en gravure
Paris: Palais des Beaux-Arts de la ville de Paris	Buste de Victor Hugo, Marmor
	Femme accroupie, Bronze

2. Deutschland

Berlin: Nationalgalerie	Büste von Dalou, Bronze
	Büste von Falguière, Bronze
	Der Mensch und sein Gedanke, Marmor

	Das eherne Zeitalter, Bronze
	Der Denker, Bronze
DRESDEN: Albertinum	Maske eines Italieners, Bronze
	Männlicher Rumpf, Studie, Bronze
	Ein Bürger von Calais mit dem Schlüssel, Verkleinerung, Bronze
	Jean-Paul Laurent, Bronzebüste
	Eva, Marmor
	Das eherne Zeitalter, Gips
	Johannes der Täufer, Gips
	Ein Bürger von Calais, Gips
	Vom Victor Hugo-Denkmal. Bruststück des Dichters, Gips
	Vom Victor Hugo-Denkmal: Die innere Stimme, Gips
	Der Denker, Gips
	Francesco da Rimini und Paolo Malatesta. Reliefgruppe von der Porte l'Enfer, Gips
	Büste von Puvis de Chavannes, Gips
	Büste von Jean-Alexandre-Joseph Falguière, Gips
	Büste von Eugène Guillaume, Gips
	Kauerndes, nacktes Weib, Gips
	Die Weinende, Gips
	Zwei Freundinnen, Gruppe, Gips
HAGEN: Folkwang-Museum	Eva, Marmor
	Das eherne Zeitalter, Bronze
	Minotaurus, Marmor
KREFELD: Kaiser Friedrich-Museum	Büste von Puvis de Chavannes, Bronze
	Die kleine Eva, Marmor
LÜBECK: Dr. Hermann Linde	10 Original-Marmor- und Bronzewerke

POSEN: Kaiser Friedrich-Museum	Der Denker, Gips
STUTTGART: Museum	Die innere Stimme, Gips
	Büste von Victor Hugo, Gips
WEIMAR: Museum	Das eherne Zeitalter, Bronze
	Büste von Falguière, Bronze

Herzog Johann von Mecklenburg besitzt ebenfalls das eherne Zeitalter, Bronze.

3. IN DEN ÜBRIGEN LÄNDERN

BUDAPEST: Nationalmuseum	L'Eternel Printemps, Marmor
LONDON: South Kensington-Museum	Le Penseur, Bronze
	St-Jean-Baptiste, Bronze
	Tête de femme, Marmor
STOCKHOLM: Im Besitz des Königs von Schweden	La Voix intérieure, Marmor
ST. PETERSBURG: Skulpturenmuseum	L'Age d'airain, Gips
KOPENHAGEN: Ny Carlsberg Glyptothek	Le Penseur, 1875, Bronze
	L'Age d'airain, Bronze
	Jean-Baptiste, Bronze
	Les Bourgeois de Calais, Bronze
	Le Baiser, Gips
	L'Ombre, Gips
	Le Penseur, 1907, Bronze
	Le Monument de Victor Hugo, Bronze
	Buste de Victor Hugo, Gips
	Buste de Puvis de Chavannes, Bronze
	Buste de Falguière, Bronze
	Buste de Jean-Paul Laurent, Bronze
	Eve, Marmor

***

Die äußeren Umrisse, in denen Rodins Werden und Wachstum, sein Leben, sein Tagewerk und seine Kämpfe sich abspielten, habe ich in dem vorigen Abschnitt zu zeichnen versucht. An die dazwischen gestreuten Intimitäten aus Rodins Gesprächen mag man sich hin und wieder erinnern, wenn ich jetzt, anknüpfend an den ersten Abschnitt dieses Buches, der ein zusammengedrängtes Bild von der Entwicklung der Plastik bis Rodin bietet, seine Werke ästhetisch zu würdigen suche.

Eines der bedeutendsten Probleme, das uns das Werk Rodins aufdrängt, ist sein Verhältnis zur Antike; ja man könnte sogar sagen, das Problem Rodins, das gleichzeitig Renaissance und Revolution gegen die Antike darstellt, enthält die Lösung des Problems der Antike, an der wir seit einem Jahrhundert arbeiten. Rodin hat uns die Antike mit ganz neuen Augen sehen gelehrt; er hat uns durch sein Werk vor allem das Verkehrte und Unredliche aller klassizistischen Stilbestrebungen bewiesen. Rodins Verhältnis zur Antike ist in vieler Beziehung Nietzsches Verhältnis zur Antike verwandt. Ich würde der lebendigen Verehrung und heißen Liebe dieser beiden Großen zu Platon nicht besonderer Erwähnung tun, wenn nicht beide durch diese Liebe zu gleichen Resultaten gekommen wären, zu der Erkenntnis dessen, was uns am dringendsten nottut, den Intellekt durch die Instinkte zu überwinden. Nietzsche und Rodin haben das Instinktmäßige als die stärkste, schöpferische Macht erkannt. Nietzsche dichtete einen Hymnus auf den idealen Drang, den die Hellenen gerade auf die Leidenschaften verwendet haben, auf die Art, wie sie die Leidenschaften geliebt, gehoben, vergoldet und vergöttlicht haben; er nannte das Hellenentum die einzige Form, in der gelebt werden kann: „Das Schreckliche in der Maske des Schönen." Diese Ideen, die Nietzsche in Worte gefasst hat, hat Rodin in Marmor und Bronze lebendig gestaltet. Um dieselbe Zeit, in der in Deutschland Nietzsche das Problem der Antike in eine neue Phase rückte, hat in Frankreich Rodin das Bild, das die klassische Philologie uns von der Antike vermittelt hat, aufgelöst und eingerissen, hat Rodin eine schöne Maske für das Schreckliche, die Leidenschaften, die Triebfeder der Weltseele, gefunden.

Eine Kultur des tragischen Erkennens drückt sich ebenso in Rodins Skulpturenwerk wie in Nietzsches scharfsichtigem Hellsehertum aus.

So verwegen wie Nietzsche und Rodin hat sich in unserem Jahrhundert niemand zu den Dingen gestellt und beide haben sie ausgehalten auf ihren Posten. Beide haben sie die Begriffe von der Antike, die die klassische Philologie mühselig und kunstreich auf- und ausgebaut hat, widerlegt, als falsch und frevelhaft erwiesen; sie haben beide sich durch die Vorurteile der Tradition durchgerungen und die Alten mit reinen, unbeschwerten Instinkten als eine tätige Macht, als ein Lebendiges erfasst, während die anderen in ihr nur Muster und Maßstab erblicken. Dass sie beide die Griechen wie Heilige verehrten, gab ihnen die Kraft in ihrem Lebenswerk ein Symbol des Lebens zu schaffen, das gleichzeitig ein Resumé der Modernität darstellt, das Weltbild gärender Geister in gärender Zeit. Sie haben beide ihre Erlebnisse und Gedanken ins Allgemeine und Typische gehoben; sie haben beide durch die Tiefe ihres Erkennens die Leidenschaften alles Momentanen und Zufälligen entkleidet, sie ins Ewige gerückt und vergöttlicht. Es scheint mir nicht richtig, Rodin mit Wagner zu vergleichen, wie Clemen es in feiner Rodinstudie getan hat; dazu sind ihre Kunstmittel zu verschieden, Wagners Mittel zu vielseitig und Rodins Mittel zu einfältig. Ergibt nicht vielmehr die Reinheit der Rodinschen Kunstmittel eine weitere Parallele zu Nietzsche? Das Impressionistische ihrer Ausdrucksmittel gestattet den Vergleich, ihr momentanes Ausströmen innerster Kraft in Aphorismen, die man mit Ehrfurcht vernimmt, weil man fühlt, dass sie erlebt, erlitten sind. Und treten wir nahe herzu, sehen wir ihnen scharf auf die Finger, so unterscheiden beide sich in nichts vom Handwerker. Nicht irgendetwas Anormales, nicht die Inspiration gibt ihnen die Kraft des tragischen Erkennens, sondern starrsinnige Geduld, Fleiß und die unermüdliche Kraft intensiven Sehens.

Es war durchaus natürlich, dass dieser Revolutionär und Herold einer neuen Renaissance nicht an den fertigen Stil des Praxiteles, der eine Entwicklung krönte, anknüpfte, sondern zu Lysippus eine Parallele suchte. Man lese nach, was Rodin über den Geist der Antike, über die Arbeitsart der Alten gesagt hat, und man wird begreifen, warum Rodin gerade an Lysipp und nicht an die Hellenisten, nicht an die Römer anknüpfte. Und beachtet man dasjenige Werk, das am Anfang seiner Künstlerlaufbahn steht, den Mann mit der zerbrochenen Nase, so wird man auch verstehen, dass diese fast eigensinnige Naturschilderung revolutionär wirken musste in einer Zeit, in der mittelmäßige Bildhauer, die durch historische Irrtümer und eine törichte Schwärmerei zu einer leichtsinnigen und kümmerlichen Auffassung der Antike gelangt waren, das Land mit faden und geistlosen Nachahmungen der Antike überschwemmten.

Der Mann mit der zerbrochenen Nase (Abb. 1) berührt sich in seiner Wahrheitsliebe und in der Eindringlichkeit der Naturverehrung auch mit den Arbeiten der Quattrocentisten. Man mag an den Zuccone, an den Jeremias von Donatello denken. Das eherne Zeitalter, das dreizehn Jahre später entstand, vergleiche man mit dem heiligen Georg des Donatello, der Johannes aber hat weniger mit Donatellos Täufer im Bargello als mit Michelangelos David gemein. In dem verloren gegangenen Reiterdenkmal des Präsidenten Lynch steckt ebenso viel vom Gattamelata wie vom Colleoni. Diese vier Werke zeigen das langsame Werden Rodins, die Folgerichtigkeit seines Studiums, seine geduldige, mühselige und zähe Eroberung der Natur. Man vergesse nicht, zwischen dem Mann mit der zerbrochenen Nase und dem ehernen Zeitalter liegen dreizehn Jahre, dreizehn lange Jahre harter Selbstbezwingung, verbissener Selbstzucht, geduldigen Wartens und mühseligster Arbeit. Es ist schwer, denjenigen, die die Art künstlerischen Werdens und Schaffens nicht in sich selbst erfahren haben, begreiflich zu machen, welche Kraft, welche Energie und welche Größe für einen Jüngling dazu gehört, der sich schon seiner Mission bewusst ist, dreizehn Jahre lang sich zurückzuhalten, um in der Stille, dem Weltgetriebe fern, seine Kräfte zu sammeln. Uns Außenstehenden scheint das Resultat dieser dreizehn Jahre nicht sonderlich groß. Wir bewundern zwar die vollendete Beherrschung der Naturformen im ehernen Zeitalter (Abb. 2 u. 3), die Tiefe des Ausdrucks und die meisterhafte, technische Behandlung, aber in der Auffassung ging Rodin noch nicht weit über den Mann mit der zerbrochenen Nase hinaus. Auch das eherne Zeitalter ist noch lysippisch. Der kleine Kopf, die gestreckten, feinen, gefälligen Maße, die schlanken Arme, das körperliche Leben lassen uns an den Apoxyomenos denken. Aber schon in diesem biegsamen Jünglingsleib, der wie aus tiefem Schlaf erwacht, liegt ein schwer zu definierendes Etwas, das man nur als michelangelesk oder als antik bezeichnen kann. Michelangelo und Rodin berühren sich in ihrer Auffassung der Antike. Hier vor dem ehernen Zeitalter ist es nötig, noch einmal an meine obigen Bemerkungen über das Verhältnis Rodins und Nietzsches zur Antike anzuknüpfen, hier wird es deutlicher. So wie Nietzsche haben auch Michelangelo und Rodin die Antike nicht mit dem Intellekt erfasst, sondern mit den Instinkten; sie haben nicht die fertigen Formideale der Antike nachgebildet, sondern haben sich in das künstlerische Werden und Wachsen dieser Formideale hineingetastet, in die Lebensform und die Arbeitsmethode der Griechen versenkt; sie sind kurzum der Antike ohne archäologische Vorurteile und ohne Voreingenommenheiten gegenübergetreten und haben sie mit reinen Instinkten tiefer erfasst als irgendeiner. Das ermöglichte beide in dem künstlerischen Ausdruck ihres Wesens, über die Antike hinauszugehen. Ein Vergleich zwischen einem männlichen Akt Canovas oder Thorwaldsens mit dem ehernen Zeitalter Rodins lehrt am besten den Unterschied zwischen rein äußerlicher Kunstübung, die aus mehr oder minder starker, intellektueller Erfassung und Talent hervorgeht und jenen Kunstschöpfungen, in denen der Künstler nicht nur das Formideal einer früheren Zeit rekonstruieren will, sondern durch das instinktive Erfassen der Arbeitsweise der Alten, die eigene Sehnsucht, das schmerzliche und das süße Empfinden der eigenen Seele erhebt und vergoldet. Das starke, persönliche Erlebnis, aus dem das eherne Zeitalter hervorgegangen ist, ist nicht schwer zu fühlen. Dieser jugendliche Körper ist der Ausdruck potentieller Bewegung, ist Instrument der Affekte, das Gebilde von Muskeln, Sehnen und Knochen, das die inneren Affekte sich geschaffen haben. Der Mensch, der vor der Natur erwacht, der Mensch der ersten Zeiten – das will heißen: der Mensch vor dem Leben, der Mensch vor der Pforte seines Schicksals. Die Statue stand ehemals unter den schattigen Bäumen des Luxembourg-Gartens. Dort konnte man ihrer leicht froh werden. Dort konnte man ihre reine und tiefe Schönheit ganz genießen, jetzt steht sie inmitten vieler gleichgültiger und wertloser Skulpturen in dem fürchterlichen Skulpturensaal des Luxembourg-Museum, so dass ihr Genuss eine physische Anstrengung verlangt. Es dauert lange, bis man die trostlose Umgebung vergessen hat, bis man sich hineingesehen hat in diesen noch schlafumfangenen Jünglingsleib, dessen Augen halb geschlossen, von Traumgesichten noch nach innen gezogen werden, dessen lebensseliger Mund schmerzlich sich verzerrt, dessen rechtes Spielbein sich langsam vorwärts tastet, dessen rechte Hand den Scheitel bestreicht, wie um sich der Wirklichkeit zu vergewissern – von den halbgeöffneten Lippen glaubt man die Dionysos-Dithyramben lispeln zu hören. „Ein Seher, ein Wollender, ein Schaffender, eine Zukunft selber und eine Brücke zur Zukunft" – als ein solcher erscheint uns dieser bronzene Jüngling.

Man vergleiche nun diesen Jüngling mit dem ein Jahr danach entstandenen Johannes dem Täufer (Abb. 4 u. 5). Die noch halb schlummernden, verhaltenen Gebärden des Jünglings sind im Täufer zu erregtem, energischem Leben erwacht: Ein mächtig ausgreifendes Schreiten, der Körper von heiterer, brutaler Kraft, die Arme sprechen eine klare, bewusste Sprache und das Haupt ist wie von einem großen und einigen Willen lebendig durchglüht; in tiefen Höhlen brennen die Augen. Das Prinzip der Höhlungen und Buckel ist hier bedeutend weiter durchgeführt. Wohl ist der Rücken des Jünglings der ersten Zeiten schon fein durchgearbeitet; aber sanft und milde, noch ein wenig verschwommen liegen die Muskeln unter der Epidermis. Johannes der Täufer hat einen Athletenleib, dessen straffes Muskelspiel die Entsagungen in der Wüste noch deutlicher werden lässt. Tiefe Furchen sind in den Rücken gegraben, jedes Glied, jeder Muskel, jeder Nerv hat sich in dem Körper deutlich herausgearbeitet.

Der Täufer ist der Endpunkt einer Entwicklungsphase in Rodins Kunst; in ihm hat er die absolute Meisterschaft in der Beherrschung der Formenwelt bekundet. Und schon drängt sich im Täufer das malerische Prinzip durch, das Rodin in späteren Zeiten immer mehr zu einem wesentlichen Element seiner Skulptur macht. Das Malerische – das will weniger heißen, dass er auf malerische Wirkungen bedacht ist, sondern von malerischen Gesichtspunkten ausgeht, die dann auf ganz natürlichem Wege auch malerische Wirkungen zur Folge haben. Aus ein paar Dutzend malerischer Impressionen ergibt sich ihm das Gesamtbild. Dieses Aufsammeln und spätere Zusammenfassen von verschiedenen Impressionen ist eigentlich eine sehr natürliche, jedenfalls die gründlichste Methode, die am sichersten zu einem konzentrierten Stil führt. Sie ist auch die ehrlichste und objektivste Methode; aber sie erfordert außer einer starken Intelligenz, einem intensiven Sehen und Geduld auch eine hohe moralische Auffassung von der Kunst, durch die sich nur die Auserwählten auszeichnen. Rodin gehört zu ihnen und gerade in seiner moralischen Auffassung der Kunst ist er den Alten zu vergleichen. Er hat nicht wie die hundertfältig Geschickten irgendeine Stilepoche variiert; er hat wie vor ihm Michelangelo aus allen Stilepochen sich das angeeignet, was ihm nützlich schien, um sich zu fördern, dort angeknüpft, wo er unausgenutzte Entwicklungsmöglichkeiten liegen sah, hat alle diese Entwicklungsmöglichkeiten in sich zu einer höheren Ursprünglichkeit zusammengefasst und aus ihr heraus die Kraft gefunden zu einer neuen stilbildenden Synthese. Wenn wir ihn mit Lysippus oder den Quattrocentisten vergleichen, so ist das nur eine Parallele zu historischen Formen und nicht eine vollständige Kongruenz; denn Rodin ist immer er selbst.

Nur in diesem Sinne können wir auch von einer gotischen Entwicklungsphase Rodins reden, die in dem machtvollen Denkmal der Bürger von Calais (Abb. 11–13) ihren stärksten Ausdruck fand. Es gibt wenig Taten in der Kunstgeschichte, die an Kühnheit diesem Denkmal Rodins gleichen: Alle Konventionen sind in diesem Denkmal zerbrochen. Die lose Gruppe, die nur durch den Rhythmus des auf- und niederschwellenden innerlichen Gefühlslebens zusammengehalten wird, wollte Rodin auf einem 25 Zentimeter hohen Sockel auf dem Marktplatz von Calais aufstellen. Die sechs Männer sollten wie im Leben zu Stein erstarrt unter den heutigen Zeitgenossen dastehen und der Gegenwart die Seelengröße der Vorfahren immer vor Augen halten. Das war eine ganz neue Idee, eine Idee, gegen die sich sehr viele Einwände und gute Gründe geltend machen lassen. Aber Rodin hat alle Bedenken und Gefahren dieses Planes selber durchdacht, und nicht nur das: er hat sie auch zu umgehen gewusst und seine Idee in einer außerordentlich glücklichen Weise zu lösen verstanden. Man betrachte die Gruppe dieser sechs todgeweihten Bürger. Keiner von ihnen spricht zum Publikum, keiner wendet sich an das Volk. Es ist überhaupt niemand unter ihnen, der mit weit ausladenden Gesten redet; einzig und allein der erste hat einen lauten, ausholenden Gestus. Aber auch dessen Gesten wenden sich nicht an das Publikum. Die Gesten sind nach innen zurückgezogen und sprechen, wie ja auch sein Haupt zeigt, zu den hinter ihm schreitenden Genossen. Ein: „Kommt Genossen meines Schmerzes" liegt ihm auf den Lippen.

Jede Skulptur Rodins ist ein starker Ausdruck heftiger Leidenschaft und innerer Bewegung; aber nur in seinen Anfängen hat er sich lebhaft ausladender Gesten, pathetischer Redewendungen bedient. Im Johannes, in dem Claude Lorrain- und dem Bastien-Lepage-Denkmal (Abb. 7), in dem Sockel des Denkmals für den Präsidenten Sarmiento (Abb. 8 u. 9), auf dem der in hellen Siegersschritten dahinjagende Apoll dargestellt ist und endlich in dem Aufruf zu den Waffen: je reifer er wird, umso gedrängter, geschlossener, konzentrierter wird sein Stil. Claude Lorrain spricht vom Sockel herab direkt zum Publikum; der Genius des Krieges (Abb. 10) brüllt wild den Kriegsruf der Menge zu, Apollo jagt frohlockend dahin. Wir dürfen in diesen Werken Einflüsse Pugets sehen. Der Appell zu den Waffen ist ein direktes Gegenstück zu Rudes Marmorrelief „Der Ausmarsch" am Arc de Triomphe. Man vergleiche die beiden Skulpturen. Man hat dem Relief Rudes eine heiße Vehemenz nachgerühmt. Und gewiss, sie ist vorhanden. Aber sein Kriegsruf verblasst, wird laut übertönt von Rodins Kriegsgebrüll. Die ganze Brutalität, die Grausamkeit, aber auch die schöne und wilde Kraft des Krieges liegt in diesem animalischen Gesicht, diesen muskelstarken Weiberarmen. Rodin hat nicht nur das innere Leben im Vergleich zu Rude ums Zehnfache erhöht, er hat auch die Darstellungsmittel ums Zehnfache vereinfacht; und gerade darin zeigt sich die große Überlegenheit des Nachfahren.

In den Bürgern von Calais (Abb. 11–13), in denen Rodin tiefstem Weh Ausdruck schaffen sollte, ist er schon so weit herangereift, dass er auf jede laut pathetische Geste Verzicht leisten konnte und doch dieselbe Wirkung heftiger, innerer Leidenschaft erreichte. Der gewaltige Schmerz gemeinsamen Leidens verbindet die Sechs. Der Schmerz gibt den Rhythmus dieser Gruppe an, die durchaus nicht etwa willkürlich zusammengestellt ist. Der Anführer der Gruppe demonstriert mit seinen beredten, empfindungsvollen, eingezogenen Gesten den anderen die Notwendigkeit des Opfertodes. Immer gedämpfter wird die Bewegung. „Ich bin bereit", sagt auch der Zweite. Aber schon dem Dritten bleibt der Ton in der Kehle stecken. Mit hängenden Gliedern folgt der Vierte, stumm, erschlafft und demütig ergeben in sein Schicksal. In dem Fünften, dem Schlüsselträger, ist alle Bewegung erstarrt; in seinen Zügen malt sich die Größe des gewaltigen Schmerzes, das Heroische der Opferung, der Sechste, der leider auf unserer Fotografie nicht sichtbar ist (wie so viele Werke Rodins verlangen auch die Bürger von Calais vom Fotografen Unmögliches), schreitet hinter dem Schlüsselträger. Er droht unter dem Übermaß des Schmerzes zusammenzubrechen. Er hat den Kopf gesenkt und mit seinen nervigen Händen umklammert. Zwar hat er sich bereitgefunden zum Opfer; aber diese letzten Augenblicke des Abschiednehmens drohen ihm das Herz zu brechen. So sind alle Skalen des Schmerzes hier abgewandelt vom heroischen Entschluss bis zum Kampf der Verzweiflung. Diese sechs Figuren hat Rodin alle zuerst nackt nach lebenden Modellen entworfen: schwere, durchgearbeitete Körper mit groben, festen Gliedern und harten Gesichtern, die von Mühe und Arbeit zerfurcht sind. Auch für die einzelnen Glieder hat er zahlreiche Studien gemacht, viele Hände einzeln gebildet. Wir reihen an dieser Stelle einige Handstudien Rodins an (Abb. 14–16). Schlafende Hände, verzweifelte Hände, kosende Hände und erzürnte Hände. Die ganze, so reiche Gesprächigkeit der Hände hat Rodin dargestellt. Die ersten Aktstudien Rodins zu den Bürgern von Calais kann man den beiden Aktfiguren Adam und Eva aus dem Relief des Jüngsten Gerichtes an der Fassade der Kathedrale zu Bourges vergleichen; der gleiche harte Reiz lebt in diesen Figuren. Aber was heißt das schließlich, wenn wir feststellen, dass Rodin auch aus der Gotik Anregungen schöpfte, auch aus der Gotik Entwicklungsmöglichkeiten auflas, die noch nicht ausgenutzt waren? Es zeigt uns die weite Amplitüde seines Geistes; es zeigt uns seinen Suchersinn, seine Findergabe und gleichzeitig die synthetische Kraft seines Geistes. Man könnte schließlich noch viel mehr Vergleiche finden. Daumiers Name müsste vor allem genannt werden. Das alte erschlaffte und vertrocknete Weib (Abb. 17) „celle qui fut Heaulmière" könnte von Daumier sein; auch die weinende Frau (Abb. 18). Nicht nur in der Auffassung, auch in der aufgewühlten Technik, hat Rodin viel von dem Zeichner und Bildhauer Daumier übernommen und fortgesetzt. Rodin sollte den anderen, die nach ihm kommen, als Beispiel vorleuchten, wie ein ehrlicher Arbeiter arbeitet, wie ein ehrlicher Arbeiter sucht, findet und verwertet. Das harte Wort von der Diebesseele derjenigen, die anknüpfend an eine Konvention der Vorzeit mittelmäßige Epigonenwerke fabrizieren, erscheint nur in dem Munde einer so ehrlichen und geraden Natur wie Rodin gerecht.

Ehrlichkeit und Gründlichkeit sind auch die Hauptmerkmale des Porträtisten Rodin. Aber es sind eine höhere Ehrlichkeit und eine tiefere Gründlichkeit als sie gemeinhin in der Porträtkunst geübt werden. Niemals hat Rodin die bescheidene und gewöhnliche Geschicklichkeit derjenigen geübt, die in der deskriptiven Wiedergabe der äußeren Züge des Menschen ihr letztes Ziel sehen. Rodin vergisst niemals, dass jeder Mensch sein Schicksal im Gesicht trägt. Nicht nur die Gesten und Gebärden sind durch die Zusammensetzung der Psyche des Einzelwesens tief begründet; die ganze äußere Erscheinung des Menschen ist eine Interpretation seiner Innenwelt. Es gibt keinen Zufall. Es ist durchaus nicht Zufall, dass die Nase des einen gebogen, die des anderen gerade gewachsen ist; es ist nicht Zufall, dass die Lippen des einen fein geschnitten, die Lippen des andern dick aufgeworfen sind, und auch die Furchen in jedem Gesicht haben ihre Geschichte. Aber noch nicht dadurch hat man ein vollkommenes Porträt, indem man die Furchen, die man in einem Augenblick sieht, in Stein nachmeißelt. Man muss das Gesicht beobachten in der Ruhe, in der Spannung, in der Erregung, in der Leidenschaft, in der Verzweiflung und das Fazit dieser Beobachtungen zu ziehen versuchen. Dieses Addieren vielfältiger Beobachtungen ist das, was Rodin das Mathematische seiner Kunst nennt. Die einzigen guten Bildnisse sind diejenigen, in denen uns der Künstler einen Begriff von den Ideen, von dem Handeln und Denken eines Mannes gibt, in denen er uns von dem Liebesleben einer Frau einen Begriff gibt.

Eine zusammengedrängte Lebensgeschichte ist in jedem Antlitz eingegraben, aber nicht jeder vermag die Geschicke, die im Gesichte eines Menschen sich widerspiegeln, herauszulesen. Geduld erfordert dieses Studium und harte Arbeit.

Rodins Büsten erfüllen diese höchsten Forderungen der Bildniskunst. Er hat nicht geruht, seine „Opfer" zu belauern, hat sich in ihr Leben und in ihr Sein und Werden hineingefühlt und ist nicht müde geworden in zahlreichen Einzelstudien seine Beobachtungen festzuhalten. Gerade gegenüber Rodins Bildniskunst muss man sich seine Arbeitsmethode vergegenwärtigen. Niemals hat Rodin irgendeine Arbeit hastig und eilig fertig gemacht; dagegen ist er stets darauf bedacht, rasch jeden Gedanken auf Papier, in Ton, Wachs oder Gips festzuhalten. Für ein und dieselbe Arbeit hat Rodin häufig ein paar Dutzend Skizzen und Studien gemacht. Diese Entwürfe hebt er sorgfältig auf, um sie benutzen zu können, wenn er die Stunde in sich reifen fühlt, die ihm gestattet, das Werk zu vollenden. So sind auch die Porträtbüsten nicht hitzig aus dem Marmor herausgehauen, sondern in vielen und langen Jahren langsam gereift. Zahlreiche Berühmtheiten des modernen Frankreichs sind von Rodin porträtiert worden: Victor Hugo, Guillaume, Balzac, Mirbeau, Rochefort, Dalou, Laurens, Puvis de Chavannes, Falguière u.a.m. Falguières kerniger Kopf (Abb. 23), Rocheforts energisches Demagogenhaupt, Puvis de Chavannes' weiches, träumerisches und doch klares Gesicht und Jean Paul Laurens' güteredes, kluges Antlitz (Abb. 20) – diese vier Büsten gehören sicher zu den vollendetsten Werken der europäischen Bildniskunst. Ein besonderes Kapitel bilden Rodins Frauenbildnisse.

Der Weg zu den Frauen ist die Liebe. Nur die Liebe vermag uns die Frauenseele zu erschließen. So sei es mir auch gestattet, in meiner

Besprechung der Frauenbildnisse ein paar Worte über die Skulpturen einzuflechten, die von erotischer Leidenschaft handeln.

Es wurde im ersten Abschnitt dieses Buches gesagt: Rodin ist eines der wunderwertesten Resultate der modernen Pariser Kultur. Das ist er als Vergöttlicher der Liebe und Darsteller moderner Frauen. Es gibt keinen Künstler des modernen Frankreichs, der wie Rodin die französische Frau unserer Zeit so im tiefsten Innern verstanden hat, der eine knappere, klarere und vollendetere Formel für das Liebesleben unserer Zeit gefunden hätte. Man hat oftmals gesagt, da, wo die Liebe des Franzosen endet, beginnt die Liebe des Deutschen und hat damit das Intellektuelle, das Gemütvolle, das Moralische und die Treue der deutschen Liebe preisen wollen. Das hat gewiss seine Richtigkeit und ebenso richtig mag es sein, dass die deutsche Frau intellektueller, gemütvoller, edler und treuer ist. Aber man kann das Sprichwort, das die Deutschen gemünzt haben, ebenso gut umkehren und sagen, dort, wo die deutsche Liebe aufhört, fängt die Liebe des Franzosen erst an. Allerdings in anderer Beziehung ist diese Umkehrung zutreffend. Die Französin ist die weiblichste aller Frauen, die instinktivste aller Frauen; sie ist nicht intellektuell, sondern geistvoll; sie ist weder moralisch noch unmoralisch, sondern lebt ihren Instinkten, die in ungetrübter Reinheit und Ursprünglichkeit in ihr blühen. Sie hat keine Vorurteile gegen die Liebe und ihre Gefühle sind nicht durch Voreingenommenheiten in schwächende Skrupel verstrickt. Ein anderes Liebesleben ergibt sich daraus, ein natürlicheres und freieres, ein ungebundeneres und momentaneres, aber auch ein heißeres und glühenderes. Das spiegelt sich in ihrem Antlitz wider. Das spiegelt sich wider in dem Kampf der Geschlechter, der härter und grausamer ist. Das alles hat Rodin mit seiner feinen Sensibilität herausgefühlt. Er hat das Aufstöhnen des Mannes im Kampfe um diese Frauen nachgelebt; er hat sie in den Momenten des Rausches belauscht; er hat sie in ihren verschnörkelten und zerwühlenden Leidenschaften verstanden und ihr hastiges Jagen nach dem letzten Genusse unzart entblättert. Auch in den Umarmungen der Liebe hat er die Menschen in ihrer Wahrheit erfasst und hat das Animalische, das Instinktmäßige, die Leidenschaft, die Urkraft in ihnen gehoben und vergöttlicht, und er hat gesehen und empfunden, dass jede Fiber des Menschen in Leidenschaft glüht, wenn das Blut in Wallung gerät. Aber auch hier hat Rodin sich keine weit ausholenden Gesten erlaubt, sondern hat alles auf die Formen konzentriert und in die Körper hineingepresst, was er sagen wollte. Die Epidermis ist zart und duftig gestaltet, vibriert in feinen, nervösen Wellen. In jedem weiblichen Frauenbildnis gibt er einen Extrakt eines Liebeslebens. Er hat süße, hübsche Köpfe gebildet, Köpfe wollüstiger Frauen, deren Lippen von Küssen noch erhitzt sind und Köpfe stiller, versonnener Frauen, deren halbgeöffneter Mund von süßen Freuden seltsamer Rauschmomente spricht. Das Selbstbewusstsein, die Siegeszuversicht, das Königliche und die kindliche Eitelkeit der Französinnen findet man in seinen Frauenbüsten. Fand er in einem Gesicht irgendeinen Ausdruck, der ihn gefangen nahm, so steigerte er diesen Ausdruck ins Heroische, oder ins Liebliche, ins Starke oder ins Feine, umkleidete dieses Haupt mit irgendeinem veredelnden Schimmer und erhob es zu einem Typus, rückte es ins Ewige. So entstanden die Bellona (Abb. 33), so der Gedanke (Abb. 34) und manche andere Frauenköpfe wie Abb. 27–32. Die Zahl seiner Frauenbildnisse ist außerordentlich groß. Er hat vornehmlich Französinnen, Engländerinnen und Amerikanerinnen porträtiert. Es sind naturgemäß unter den Büsten auch manche, die belanglos sind. Welche Entwicklung er auch auf diesem Gebiet durchlaufen hat, lässt sich abmessen, wenn man den nichtssagenden, jedoch lieblichen Kopf der Winzerin (Abb. 32) aus seiner Frühzeit mit der Bellona (Abb. 33) oder dem Gedanken (Abb. 34) vergleicht. Die Winzerin scheint aus barocker, mehr noch aus Rokoko-Auffassung herauszuwachsen. Die beiden anderen Köpfe rufen uns Michelangelos Geist ins Gedächtnis.

Der Name Michelangelo wurde hier schon verschiedentlich genannt. Manchem – vor allen denjenigen, die nur nach Abbildungen urteilen – wird es vielleicht allzu kühn erscheinen, Rodin mit Michelangelo zu vergleichen, ihn mit dem größten Bildhauer seit der Antike in einem Atem zu nennen. Der Vergleich wäre vielleicht wirklich ein wenig kühn, wenn Rodins Lebenswerk hier endete, wenn Rodin nicht mehr über das hinausgegangen wäre, was wir bisher von ihm besprochen haben. Die Werke aber, die jetzt unmittelbar folgen, werden in der unvergleichlichen Gewalt ihrer Konzentration die Bedenken aller Zaudernden beschwichtigen und die Zweifler bekehren. Im Balzac hat Rodin alle seine Kräfte zusammengefasst. Es wurde schon gesagt, wie er lange Jahre hindurch sich in die Gestalt dieses Denkers und Dichters vergrub, wie allmählich die Formen dieses Dichtermonumentes seiner Seele entstiegen. Sieben Aktstudien hat Rodin für dieses Denkmal vollkommen in Gips ausgeführt, gedrungene, breitschultrige Männer mit schwerfälligen Gliedern. Als er einst eines dieser Modelle mit der Mönchskutte, Balzacs Hausrock, umkleidete, sah er den Dichter vor seinen Augen erstehen. Die breiten Flächen der Gewandmassen, durch die der mächtige Leib hindurchschimmert, mussten in großen, ruhigen Linien herabfließen, um von unten das Auge heraufziehend das ganze Interesse auf das Haupt zu sammeln, das auf dem kurzen, stämmigen Hals sich stolz zurückbiegt, um nicht unter der Last des flutenden Schaffensfiebers zusammenzubrechen. Wie ein elementares Ereignis wächst dieser groteske, zerarbeitete Riesenschädel aus der Gewandung heraus: ein furchtbares Haupt, ein von Überfluss schweres Haupt, ein Haupt, dessen Augen die Welt durchbohren und die Komödie der Menschheit durchschauen. Das ist der Balzac, der in überschäumender Kraft, in fieberheißer Tätigkeit den Schlaf floh und in der Stille der Nacht vor dem drängenden Übermaß seiner Gedanken und Gesichte sich an den Schreibtisch rettete, um in steiler, jagender Schrift Seite auf Seite zu füllen. Der Balzac ist ein Denkmal des schaffenden Menschen, der göttlichen Urkraft des Menschen und ein Denkmal der Arbeit des Geistes. In diesem Denkmal hat Rodin den Beweis erbracht, dass er die Kraft besitzt, für den Monumentalstil der Plastik eine neue, lapidare Sprache zu finden; in diesem Denkmal hat er vollendet, was Carpeaux erstrebte. Das lässt sich bis ins Einzelne der Auffassung und bis ins Einzelne der Technik beweisen. Die große Umrisslinie des Balzac ist eine Weiterentwicklung des Carpeauxschen Vermächtnisses; die tiefen Höhlungen und herausgearbeiteten Höhungen sind die letzte Konsequenz Carpeauxscher Gedanken. Die aufgewühlten Flächen der breiten Gewandmassen sind eine Weiterentwicklung der gekräuselten Flächen in Carpeaux' Statuetten. Doch der Balzac ist noch mehr als die Erfüllung der Ansätze Carpeaux' zu einem malerischen Stil in der Plastik.

Im Balzac hat Rodin dem griechischen Schönheitsbegriff vollendeter physischer Kultur, dem freien und heiteren Götterbild einen Schönheitsbegriff der geistigen Triebkraft der Menschenseele gegenübergestellt, den Menschen veredelt, der mit vielfältigen Ketten an die Erde gefesselt ist und mit vielfältiger Sehnsucht zum Himmel strebt. Der Körper des Balzac ist plump und hässlich. Die ganze Kraft und die ganze Schönheit in der Maske des Schrecklichen ist im Gehirn konzentriert. Dieser Riese im Schaffensrausch enthält alles, was über den geistigen Arbeiter, über den geistig Schaffenden zu sagen ist. Es ist das

Denkmal einer Epoche, wie der Apollo von Olympia, wie der Moses des Michelangelo.

Aus demselben Jahre stammt die Gruppe: Der Kuß (Abb. 39 u. 40), eine lebensgroße Marmorgruppe zweier Menschen in inniger Umschlingung. Auch dieses Werk verlangt Unmögliches vom Fotografen; jede Aufnahme zeigt einige Gliedmaßen verzerrt, weil das Werk keine Hauptansicht hat, weil Rodin von allen Seiten gleichmäßig diese Gruppe aus dem Marmorblock herausgearbeitet hat. Dadurch hat sich ein überreiches Spiel von Linien und Überschneidungen ergeben, die in wohlabgewogenen Tempi diese verschlungenen Körper für ewig zusammenzuschließen scheinen. Dieser Kuss ist rein, lieblich und süß wie der Kuss eines sehr jungen Mädchens im Frühling. Der Kuß erschien in demselben Jahre im Salon wie der Balzac. Der Kuß wurde bejubelt und der Balzac verhöhnt. Der Kuß ist trotz der Schlichtheit und Kraft des Empfindens sicherlich keines der Hauptwerke von Rodin. Die Gruppe ist gut, aber nicht bedeutend im Vergleich zu den anderen, stärkeren Werken Rodins. Die Lieblichkeit und die Süße der Hingabe dieser beiden Menschen täuscht über eine gewisse Langeweile in den Körperformen nicht hinweg. In dem Frühling (Abb. 41) ist die anmutige Wellenlinie erregter geworden, aus der Zärtlichkeit eine Inbrunst. Hier gemahnt die Kraft der Empfindung wieder an Michelangelo, die nervöse Feinheit des Aufbaues und der sinnlich belebten Körper erscheint wie ein verjüngtes Barock. Im Ewigen Idol (Abb. 42) ist wiederum ein anderer Ton angeschlagen. Hier ist es der Mann, der zum Weibe kommt, sich an dem Weibe emporreckt. Sie gewährt ihm; aber in ihren feinen Zügen versteckt sich das frohlockende Lächeln einer Siegerin, der Königin, der Herrscherin über den Mann, die ihn verderben kann und wird, wenn seine Anbetung sie langweilt. In weicher Sinnlichkeit tastet sich der Mann an dem Weibe herauf und legt sein Haupt an ihre Brust. Wie geistreich sind die Körper zueinandergestellt, wie anmutig fließen die Linien des männlichen Körpers in die zarteren Linien des weiblichen Leibes über. Und dann die Eva (Abb. 43 u. 44). Nach dem Sündenfall hat Rodin sie dargestellt, wie sie fröstelnd in ihrer Scham zusammenschauert. Auch hier wieder ist die Konzentration fest geschnürt, nach einem Punkte hin zusammengedrängt, so dass das Auge das zitternde Fleisch, das durch leichte, feine Schattierungen belebt ist, in Ruhe genießen kann. Die Eva und ihr Gegenstück Adam gehören zu den Hauptdenkmälern von Rodins letzter und reifster Zeit. Diese leidenden Menschen in der lebendigen Kraft ihrer Glieder sind eine Vermenschlichung der leidenden Helden, die Michelangelo in den Sklaven des Louvre gebildet hat. Diese Eva und dieser Adam haben die Wunden des Lebens unserer Zeit empfunden; in ihnen ist der Stolz, der Schmerz, die Rasse unseres Zeitalters vergöttlicht und ins Ewige gesteigert.

Es sind an dieser Stelle viele Marmorwerke Rodins anzureihen und vor den besten wird man immer wieder an den großen Florentiner denken; das Band, das die beiden verbindet, enthüllt sich immer klarer. Das herrliche Motiv des kauernden Knaben, das Buonarotti einmal aus einem Marmor in so wunderbarem Adel herausgehauen hat, hat Rodin in seiner „Verzweiflung" (Abb. 45) ins Weibliche umgebildet. Der innere Kampf eines stürmischen, wundgestoßenen Wesens zwingt dieses Weib in die krampfhafte, vehemente Bewegung. Im „Erwachen" (Abb. 46 u. 47) hat Rodin einen sich reckenden und streckenden, jugendlichen Frauenkörper dargestellt. Die holde Poesie dieses jugendfrischen Leibes kommt nicht nur in den schönen Linien, sondern auch in den weich gewellten Höhen und Tiefen des Fleisches zum Ausdruck. Wie schön ist die fein gewellte Rückenlinie der hingesunkenen Danaïde (Abb. 48), wie sinnlich ist das Fleisch auch bei diesem graziösen Frauenkörper behandelt. Die Danaïde hat sich verzweifelt auf den Fels geworfen; ihre Hand vergräbt sich in eine Felsspalte. Statt hierin eine gesuchte Kaprice zu sehen, sollte man lieber dem Zauber nachspüren, den dieses Wirkungsmittel besitzt. Es veranschaulicht das Unmittelbare seiner Arbeitsweise; es lässt die Figur wie eine aus dem Stein hervorgewachsene Vision erscheinen; so entsteht eine zauberhafte Verbindung zwischen dem toten Marmorblock und den durch den Meißel beseelten Partien, die dadurch nicht in die Sphäre einer abstrakten Idealität erhoben werden. Der Ausdruck der Lebendigkeit ist durch dieses Mittel wesentlich gesteigert. Oft, wie in dem zarten, weiblichen Kindeskörper, die Blüte (Abb. 49), in dem Gebet des verlorenen Sohnes (Abb. 50), in der Bronze der Badenden (Abb. 51 u. 52), besonders aber in dem Marmorwerk der Badenden sowie in der Gruppe Bruder und Schwester in einer Felsenhöhle (Abb. 53) hat Rodin den Hintergrund direkt als Kulisse verwandt, vor der sich die Figuren abheben. Immer von neuem hat ihn das Motiv der Vereinigung zweier Menschen im Kusse gereizt; in zahllosen Variationen begegnen wir diesem Motiv in seinem Lebenswerk; alle Lebensalter hat er in dieser umschlingenden Vereinigung dargestellt, die immer ein anderes Spiel der Linien, immer eine andere Behandlung des Fleisches ergeben; wir bilden hier noch eine Reihe dieser Motive ab: Die Natur (Abb. 54), Bruder und Schwester (Abb. 55), La Sphynge (Abb. 56), Der Kuß eines Engels (Abb. 57), Triton und Sirene (Abb. 58), Die Liebe und das Kind (Abb. 59), Das erste Begräbnis (Abb. 60); hier seien auch erwähnt die schlanke Gruppe der Schönheit (Abb. 61), Die Säule der Lebensalter (Abb. 62), Das Liebesspiel (Abb. 63), Die Karyatide (Abb. 64), die durch die schwere Last in sich zusammengedrückt ist, und die prachtvolle Bronze eines liegenden Torsos, den Rodin Die Erde (Abb. 65) nennt; wie ist hier wiederum die Fleischbehandlung reich und mannigfaltig! Ist dieser herrliche Torso nicht ein prachtvolles Symbol? Ach, Worte sind zu hart das auszumalen. Es sind manche andere Skulpturen von einer erhabenen und stillen Träumerei, wie Paolo und Francesca, Sapphos Tod (Abb. 66) und die Ovidsche Verwandlung. Wieder andere, wie die Tochter des Ikarus, in fließender oder brausender Bewegung reden von Glück, Heiterkeit und Frohsinn. Man beachte, wie Rodin auch in sehr bewegten Skulpturen immer auf eine geschlossene Silhouette bedacht ist, wie in Satyr und Nymphe (Abb. 67), Die Parze und die Genesende (Abb. 68), Die Überwältigung (Abb. 70 u. 71). Er reißt nicht die Glieder auseinander und drückt das innere Bewegungsmotiv des Körpers nicht durch gespreizte, theatralisch ausladende Gesten aus, sondern erreicht nicht nur die gleiche, sondern noch eine tiefere Wirkung durch die Anspannung aller Muskeln, Sehnen und Nerven im Körper, so dass jede Bewegung dadurch innerlicher begründet wird. Nicht die ausladende Geste, sondern die innere Spannung des ganzen Körpers drückt die jeweilige Erregung aus. Ansätze zu einer derartigen Konzentration und Verinnerlichung sind mehrfach unternommen worden, aber zu einer wirklich vollendeten Lösung hat dieses Problem erst Rodin gebracht. Der endgültigen Lösung dieses Problems musste Rodin oft die pedantische Deutlichkeit im Detail opfern. Rodins Skulptur will die menschlichen Formen, die er nur als Träger und Ausdrucksmittel der menschlichen Affekte sieht, im Spiel des Raumes und der Atmosphäre dem Auge sichtbar und dem Intellekt verständlich darstellen; er will in seinen Skulpturen die menschlichen Formen als Träger der Affekte verewigen und vergöttlichen. Niemals – man lese gut – niemals ist Rodin von einem literarischen Gedanken ausgegangen. Er hat alles gesehen, was er in Marmor und Bronze gebildet hat; er ist immer von gesehenen und erlebten Formen ausgegangen. Seine Modelle bewegen sich frei und ungezwungen in seinem Atelier. Er sieht die nackten Körper einzeln oder verschlungen im Spiel des Lichtes und der Atmosphäre. Die Atmosphäre und das Licht verhüllen gewisse Partien und betonen wieder andere Partien stärker. Das Resultat dieser Beobachtungen hat ihn zu jenem malerischen Stil geführt, den man fälschlich als unfertig und unausgeführt bezeichnet. Mir setzte einmal ein russischer Bildhauer in Paris des langen und breiten auseinander, dass es viel leichter wäre, halb ausgeführte Skulpturen in Rodins Art zu machen als ganz ausgeführte wie – er sie machte. Er hätte auch einmal eine Zeit lang halb ausgeführte Skulpturen gemacht, aber als ehrlicher Kerl hätte er sich bald wieder eines Besseren besonnen und mache jetzt nur noch ganz ausgeführte Skulpturen. Nur der Neid und die Dummheit können so reden; die Arbeiten dieses Russen waren auch derart, dass über die Dummheit kein Zweifel blieb und der Neid wahrscheinlich schien.

Was man in Rodins Skulpturen als unausgeführt bezeichnet, ist lediglich das Ergebnis seiner Methode der Abkürzung, seiner Methode des Weglassens des Unwesentlichen zugunsten des Hauptgedankens. Wer das eherne Zeitalter, den Johannes und die Eva gesehen hat, hat sich überzeugen können, wie meisterhaft Rodin die Anatomie beherrscht, und er wird zögern, Rodin den Vorwurf der Leichtfertigkeit und einer schwindelhaften Spielerei zu machen. Nein, hier liegt ein Prinzip, eine Methode vor, die mit den Bestrebungen und Prinzipien der zeitgenössischen Malerei durchaus parallel geht. In den eben genannten Werken, im Balzac und im Kuß hat Rodin seine monumentalen Fähigkeiten erwiesen; daneben stehen viele andere Skulpturen in Bronze und Marmor, die nicht nur infolge ihres kleineren Formats, sondern auch gerade durch ihre Art der Ausgestaltung und Technik nichts weiter sind als Kabinettstücke, Museums- oder Zimmerplastik, die man als eine neue Art der altgriechischen Tanagrafiguren, als eine neue Art der feinen und intimen Plastik des Rokokozeitalters bezeichnen möchte. Auguste Rodin war so liebenswürdig, uns zu gestatten, für dieses Buch auch einige Skizzen aufzunehmen, die damit zum ersten Male einer breiteren Öffentlichkeit zugänglich gemacht werden. Sein Freund Eduard Steichen hat die Aufnahmen dieser Gipsentwürfe gemacht. Die Auswahl hat Rodin selbst getroffen. Die Zahl der Studien und Skizzen, die man in Rodins Arbeitsstätten findet, ist außerordentlich groß. Es gebricht ihm an Zeit, alle Gedanken und Einfälle auszuführen; so reich sprudelt sein Schaffensdrang, so rastlos ist sein Geist tätig. Um sich der drängenden Gesichte zu entledigen, hat er sie flüchtig in Gips skizziert. Jede Bewegung, die Rodins Auge neu erscheint, notiert er sich flüchtig in Ton oder Wachs. Wie der Zeichner mit wenigen Strichen auf dem Papier, so formt er in Ton die Bewegungsmotive, bildet den Torso als hageren Klumpen, gibt deutlicher die Stellung der Gelenke und prägnant die ausgreifenden Glieder, wie sie in den Gelenken sitzen. Absichtlich übertreibt er die Größenverhältnisse der Glieder, um das Bewegungsmotiv genau zu akzentuieren. Diese verunstaltende Übertreibung der Natur in Rücksicht auf die Verstärkung des Ausdrucks finden wir auch in seinen Handzeichnungen. In dem nachfolgenden Stadium, dem Gipsentwurf, werden die Übertreibungen wieder reduziert und der Ausdruck verinnerlicht. Schon diese kleinen Skizzen (Abb. 72–75) in Gips zeugen von der durchdringenden Tiefe seines Geistes, von der Sensibilität seines Empfindens und von seinem taktsicheren Geschmack. Eine süße Lieblichkeit spricht aus den „fleurs vannées", ein entzückendes Linienspiel entwickeln die beiden schwebenden Figuren, deren Körper sich so rührend betasten; die hier abgebildete Kopfstudie (Abb. 76) ist eine eindringliche psychologische Studie.

Wir haben nun noch drei große Hauptwerke des Meisters zu besprechen, die alle Rodin mehrere Jahrzehnte hindurch beschäftigt haben, ohne dass bis heute auch nur eines von ihnen zur Vollendung gelangt wäre. Es sind dieses das Victor Hugo-Denkmal, das Höllentor (Abb. 82) und der Turm der Arbeit.

Unter ihnen ist das Victor Hugo-Denkmal (Abb. 77–81) dasjenige, das am weitesten vorgeschritten ist. Vermutlich wäre es schon ganz vollendet, wenn nicht Differenzen mit dem staatlichen Komitee Rodin allzu sehr verstimmt hätten. Der erste Entwurf für dieses Denkmal datiert bis in das Jahr 1886 zurück. Der Dichter sitzt auf einem Felsblock am Meere in Gedanken versunken, über ihn beugen sich von hinten her drei Gestalten, die ihm die großen Gedanken zuflüstern (Abb. 77).

Schon dieses Denkmal wird völlig beherrscht durch die Gestalt des Dichters, der in versonnener Pose ein hohes Lied auf des Lebens Fülle und Reichtum erfindet. Aber so klar und groß die Komposition dieses Denkmals auch erfunden ist, fast möchte man das schlimme Schicksal preisen, das törichte Menschen diesem Entwurf bereiteten, indem sie ihn verdammten. Denn Rodin wurde dadurch Gelegenheit gegeben, diese erste Komposition noch weiter zu vereinfachen, noch weiter zu einer monumentaleren Größe zu erheben und dadurch sein Letztes und Höchstes zu geben. Zwischen dem ersten und dritten Entwurf liegt eine unzählige Reihe von Einzelstudien, liegt auch der zweite Entwurf, der den Dichter beschattet von den Fittichen der Muse als Werkzeug einer höheren Gewalt darstellt. Der zweite Entwurf ist als Entwurf für ein großes Denkmal im Freien nicht glücklich. Der dritte Entwurf zeigt eine wesentliche Änderung. Wiederum ist der Dichter am Ufer des Meeres auf einem Felsblock sitzend dargestellt. In die Linke, die auf dem Felsen ruht, hat er das mächtige Haupt gestützt. Die Rechte streckt er abwehrend und gleichzeitig beschwörend von sich. Diese Zeuspose des Genies, wie Meyer-Graefe sie nennt, gebietet den Stürmen der Meere und Leidenschaften, um auf die innere Stimme des Schaffens zu lauschen, die das greise Haupt des Dichters aufstört. Die Gesprächigkeit dieser majestätischen Geste wird in dem von königlichen Gedanken schweren Haupte klar, dessen Augen aus tiefen Höhlen die Welt auftrinken und dessen düstere, hohe Stirn das Geschaute zu einem Lied der Menschheit formt. Hinter dem sinnenden Dichterfürsten schweben zwei Gestalten; ein nackter Genius hat sich hinter ihm auf dem Felsen niedergelassen, der sich beschwörend niederneigt, den linken Arm in die Höhe erhebend: es ist die Stimme des Zorns. Neben dem Dichter löst sich aus dem Felsen eine weich verhüllte Gestalt; sie reckt sich an dem Dichter hinauf und birgt ihr verschleiertes Haupt ins Dunkle: die innere Stimme. Die Gruppe (Abb. 79–81) auf der Rückseite des Denkmals könnte vielleicht entbehrlich scheinen; aber sie ist so schön und so geschmackvoll in das Ganze eingefügt, dass man sie doch nicht missen möchte. So wirkt dieses Denkmal wie eine Vision, wie ein heiliger Hymnus auf die unsterbliche Kraft der schaffenden Menschenseele, die sich in die Welt stürzt und aus ihr ein Bild des Lebens, ein Bild der Schöpfung formt. Dieses Denkmal, das dereinst im Luxembourg-Garten seinen Platz finden soll, lässt uns die höchsten Schauer erleben, deren die Kunst überhaupt fähig ist; es ist Rodins Mediceerdenkmal.

Erinnert man sich der Theorie Rodins über Technik und Aufgabe des Bildhauers, hier findet man sie angewendet. Die Formen sind absichtlich ins Übermenschliche übertrieben, die beschwörende Hand des Dichters ist absichtlich übergroß in den Verhältnissen, die Augenhöhlen sind absichtlich groß und tief eingeschnitten und die Stirn ist absichtlich breit und gewaltig, um dem tiefen Symbol, das der Bildhauer darstellen wollte, beredten Ausdruck zu schaffen. Man muss auch in Erwägung ziehen, dass dieses Denkmal auf hohem Sockel zu stehen kommen soll, so dass die Übertreibung im Einzelnen dem Fernbild zugutekommt.

Über Rodins größte bildhauerische Projekte schwebt derselbe Unstern, der die Vollendung von Michelangelos gewaltigsten Plänen hinderte und uns von ihnen nur Entwürfe und Bruchstücke hinterließ. In den Jugendjahren durchstürmt die Seele alle Weiten. Hoch fliegen die Pläne. Der Geist sieht keine Grenzen und die Muskel dehnen und strecken sich unermüdlich. Die Jugendkraft kennt keine Schwierigkeiten, die unüberwindlich sind; der Jugendmut glaubt in die fernsten Bezirke stürmen zu können, die die Phantasie dem Geiste erschließt. Aber schon im ersten prüfenden und wägenden Mannesalter verbleicht mancher ferne Traum hinter näheren Zielen, die zu erarbeiten man gerade die Kraft noch fühlt. Kühn und mutig verdient der genannt zu werden, der dennoch die weitestgespannten Pläne seiner Jugend nicht fallen lässt und durch Jahrzehnte hindurch zäh und hartnäckig ohne zu ermatten die Verwirklichung hochfliegender Jugendideen erstrebt.

Rodin war noch ein Jüngling, als er den ersten Gedanken zum Höllentor (Abb. 82 u. 83) fasste, und es ist heute noch nicht sicher, ob er dieses Riesenwerk vollenden wird, bevor sein Tag sinkt. Vielfache Wandlungen hat dieses Projekt durchgemacht, das zum ersten Male greifbare Gestalt annahm, als Rodin im Jahre 1880 der Auftrag zuteilwurde, für das Palais der schönen Künste ein Portal zu entwerfen. Mit dem ganzen Wald der menschlichen Leidenschaften wollte er dieses Portal umkleiden; ein Spiegelbild des menschlichen Lebens sollte dieses Riesentor werden. Wie Dantes Heldengedicht alle Dramen des Lebens in Verse gebannt hat, also wollte Rodin der Menschheit Hoffen und Sehnen, der Liebe Glück und Schmerz in Erz ein Standbild setzen. Er vertiefte sich in Dantes heroischen Gesang und erinnerte sich an diese heroische Darstellung der menschlichen Leidenschaften, wenn er im Leben an seinen Modellen die Gebärden und Gesten der menschlichen Leidenschaften studierte. So ist dieses Höllentor voll von Erinnerungen an Dante. Ja Dante selbst, Virgil, Ugolino und die Wandernden, die Wollüstigen, die Schlemmer und die Geizigen, Zentauren, Sirenen,

Faune und Fabeltiere der christlichen Mystik steigen und stürzen auf dem breiten Rahmen mit flachem Profil, der zu beiden Seiten die sechs Meter hohe Tür einfasst, auf und nieder, schieben sich aneinander vorbei, eine Welt bewegter Gestalten in allen erdenklichen Stellungen. Unten auf dem rechten Rahmen sitzt ein Mann mit hochgezogenem linken Knie, der ein schlafendes Weib zu sich emporhebt und voll Leidenschaft küsst. Den Konsol des Gesimses bilden zwei Ringkämpfer. Die Mutterliebe, die jugendliche, frühreife Liebe der Menschen und die im Glück des Todes Schlafenden – alles Leid und Glück hat hier plastischen Ausdruck gefunden. Quer über die Tür zieht sich ein mächtiger Architrav, in dessen Mitte auf breitem Sockel die Riesengestalt des Denkers (Abb. 90) thront, dessen Gestalt das gewaltige Tor vollkommen beherrscht. Eine bunte Fülle von zahllosen Figuren klettert noch an dem oberen Rahmenfelde in die Höhe. Das Ganze wird gekrönt durch die Gruppe der drei Schatten (Abb. 84), die als sonorer Dreiklang einen prachtvollen Abschluss dieses Riesentores bildet. Dreimal wird die gleiche leidende Bewegung in geringen Variationen wiederholt. Die mittlere Figur fängt den sich neigenden Rhythmus der beiden zusammenbrechenden Seitenfiguren in sich auf und fällt dann auch nach vorn in sich zusammen. Wie klug und geschickt sind in dieser Gruppe die Körperansichten gegeneinander abgewogen und wie wunderbar klingen diese drei Gestalten in eine Einheit zusammen.

Die Fülle der einzelnen Gedanken in diesem Werke ist nicht auszumessen. Das Einzelne droht im Gesamteindruck unterzugehen. Aber jeder dieser Gedanken ist von Rodin innerlich so durchdacht, so lebendig empfunden, dass sich aus diesem Riesenportal viele Einzelwerke herausgelöst haben. Paolo und Francesca, der Ugolino (Abb. 85) und der Denker sind einige dieser Figuren und Gruppen, die ursprünglich am Höllentor ihren Platz finden sollten. Aber dieses Riesenportal vermochte die Fülle dieser Gedanken nicht mehr zu fassen; so hat Rodin sie herausgelöst und als Einzelplastiken vollendet.

Schon bei Rodins Aufruf zu den Waffen konnten wir im Vergleich mit Rude den großen Abstand ermessen, der ihn von seinen Vorläufern trennt; noch deutlicher wird die gewaltige Überlegenheit Rodins, wenn wir Carpeaux' Ugolino mit Rodins Ugolino (Abb. 85) vergleichsweise zusammenstellen. Carpeaux' Ugolino ist an sich und für seine Zeit eine bedeutsame Leistung. Die Verzweiflung des Vaters ist in der stark auf einen Punkt zusammengepressten Gruppe zu machtvollem Ausdruck gesteigert. Und doch erscheint diese Gruppe im Vergleich mit Rodins Gruppe theatralisch und äußerlich und die Muskelspannung des Körpers matt und unbeweglich. Um das Gedankenverwirrende, die völlige Auflösung in der Verzweiflung zu kraftvollem Ausdruck zu bringen, hat Rodin hier absichtlich jeden ruhigen Aufbau vermieden. Das Hilf- und Haltlose dieser Gruppe, der verzweifelt hingesunkene Vater, an den die Kinder sich flehend anklammern, charakterisiert die ergreifende Tragik dieser letzten Verzweiflung sehr eindringlich.

Aus dem Ideenkreis des Höllentores ist auch die sinnige Gruppe: Junges Mädchen vertraut ihr Geheimnis einem Schatten an (Abb. 86), hervorgegangen. Voll hingebenden Vertrauens schmiegt sich der kindliche Körper an den Geist, legt sein Haupt an dessen Schulter und flüstert leise. Eine gewaltige Kraft inneren Lebens spricht aus der Gruppe: Auferstehung des Geizes und der Sinnlichkeit (Abb. 87 u. 88); der ausgetrocknete Körper des Geizes und die lüstern geblähte Geste der Wollust ergeben einen sinnvollen Kontrast. Auch die sich krümmenden und windenden Seelen im Höllenfeuer (Abb. 89) stammen aus diesem Ideenkreis.

Der Denker hat, nachdem Rodin ihn aus dem Höllentor herausgelöst und gesondert als monumentales Denkmal für sich behandelt hat, manche Wandlung erfahren. Er ist ein riesenhafter Körper in doppelter Lebensgröße. Der Körper ist von Kraft geschwollen, ein gewaltiger Torso, ein Stiernacken, auf dem das starke Haupt sitzt. Den linken Arm hat er aufs linke Bein gestützt. Der Kopf ruht fest auf der Hand, so dass sie die Lippen nach oben presst. In finsteres Sinnen tief versunken blickt er starren Auges in die Tiefe. Alle Kämpfe und Leiden des Menschengeschlechts spiegeln sich in seinem düstern, schattenverhüllten Antlitz wider; er durchdenkt sie. Der ganze Körper ist gespannt in dem Willen, durch die Gedanken bis in die letzten Tiefen der Welträtsel sich zu graben. Diese Spannung, die in der krampfhaften Stellung der Füße noch einmal besonders betont ist, gestattete Rodin das Modelé bis zum Äußersten zu treiben. Das gestraffte, gespannte Leben dieses denkenden Riesen, der wie eine Vergöttlichung menschlichen Denkens erscheint, wird in jedem Muskel deutlich. Die Kraft der Buckel und Höhlungen ist hier bis zur letzten Konsequenz getrieben. Ein würdigeres Denkmal konnten die Franzosen sich nicht wählen für den Eingang ins Pantheon, in dem die großen Männer des Landes ihre Grabstätte finden.

Der junge Rodin hatte den Plan zum Höllentor erdacht, in dem er allen Leidenschaften, die das junge Menschenherz bewegen, ein Denkmal setzen wollte. Der Rodin des Mannesalters suchte einem anderen großen Gedanken, der die Menschheit bewegt und erhält, Ausdruck zu schaffen: der Arbeit. Jedes Zeitalter und jedes Volk hat Denkmäler hinterlassen, die seine Geschichte, seine Tätigkeit und seine Religion repräsentieren. Es schien wie eine innere Notwendigkeit ein Ideal aufzustellen und es durch die Plastik zu veredeln. Ist nicht auch unsere Zeit an fruchtbarer Tätigkeit reich genug, um ein Denkmal zu erfinden, das ihren Geist zusammenfasst und den Nachfahren überliefert? Dem religiösen Glauben sind Kirchen erbaut, dem militärischen Ruhme Säulen und Triumphbogen; unsere Zeit, die unter einem anderen Zeichen steht, hat diesen Denkmälern früherer Jahrhunderte noch kein Monument an die Seite gestellt, das ihrem Geiste charakteristischen Ausdruck verleiht. Was uns vereint, sind nicht die müde gewordenen religiösen Konventionen, es ist nicht irgendein kriegerisches Feldgeschrei, sondern es ist die Arbeit, die Arbeit in tausendfältiger Form. Rodin hat das abstrakte Ideal, das allgemeine Dogma erfasst, das den besonderen Charakter seiner Kunst bildet und das die Idee einer Epoche wie der unsrigen in der Weltgeschichte zusammenfasst. Der Turm der Arbeit soll eine Apotheose des zeitgenössischen Lebens werden.

Der Entwurf dieses Turmes steht seit mehreren Jahren fertig in Rodins Atelier; aber es fehlen die Mittel, ein Auftraggeber, der dieser gewaltigen Idee zur Ausführung verhilft. Auf einem breiten, geräumigen Unterbau erhebt sich eine starke Säule, um deren Schaft sich spiralförmig ansteigend offene Arkaden bis zur Spitze der Säule hinaufziehen. Bekrönt wird die Säule durch eine Gruppe von zwei beflügelten Genien (Abb. 91). An den inneren Wänden des Unterbaues sollen in Reliefs die unterirdischen und unterseeischen Arbeiten dargestellt werden. Vor dem Eingang sollen zwei mächtige Statuen, der Tag und die Nacht, den Aufgang zu dem Turme flankieren. Man wird ähnlich wie in dem alten Campanile in Venedig ohne Treppen um die Säule herum hinansteigen können; durch die offenen Arkaden wird das helle Tageslicht das Reliefband beleuchten, das sich spiralförmig dem Aufstieg folgend um die inneren Säulen herum bis zu ihrer Spitze hinaufzieht. Auf diesen Reliefs sollen alle Arten der Arbeit, die Handwerke und Gewerbe, symbolisch dargestellt werden. Die Genien, die

die Säule krönen werden, sollen gleichsam wie Sendboten des Himmels die arbeitende Menschheit, den ewig wirkenden Menschengeist segnen. Der französische Architekt Ninot hat ein architektonisches Projekt für diesen Turm der Arbeit entworfen, die Kosten berechnet und für diesen Turm der Arbeit einen bis ins Einzelne gehenden Plan ausgearbeitet. Aber bis jetzt hat noch keine Stadt, kein Staat den Mut gehabt, die Ausführung dieses Planes zu übernehmen. Ein internationales Komitee hat sich bereits gebildet, das durch öffentliche Sammlungen die erforderlichen Mittel aufzubringen hofft. Aber der Erfolg dieses Aufrufs steht noch infrage. Und wenn sich die ganze gebildete Welt an der Beschaffung der Mittel beteiligt, wo soll dieses Denkmal dann seinen Platz finden? Es gehörte ebenso gut nach Frankreich, wie nach Deutschland oder nach England. Frankreich hat nur dadurch ein Vorrecht, da in Frankreich der Künstler geboren worden ist, der diese gewaltige Idee ersann.

***

Es bleibt mir noch übrig, von den Handzeichnungen und Radierungen Rodins zu sprechen. Vielleicht wäre es logischer gewesen, von den Handzeichnungen des Meisters auszugehen; aber diese Methode, die eindringlicher und gründlicher ist, hätte den dreifachen Umfang dieses Buches gefordert. Die Handzeichnungen geben uns den tiefsten und unmittelbarsten Einblick in die Geisteswelt, die Anschauungsweise und die Arbeitsmethode des Künstlers; sie haben für den tiefer dringenden Kunstfreund das intimste Interesse. Die Zahl der Rodinschen Handzeichnungen geht hoch in die Tausende, von denen die meisten sich noch im Besitz des Künstlers befinden. Einige Blätter besitzen das Musée du Luxembourg in Paris, das Folkwang-Museum in Hagen, Dr. Hermann Linde in Lübeck, das Kupferstichkabinett in Berlin, der Großherzog von Weimar, englische Museen und verschiedene Privatsammler in Berlin, Paris, London und New York. Ausstellungen Rodinscher Handzeichnungen fanden in Paris, London, New York, Berlin und Weimar statt. Die größte und bedeutendste Ausstellung veranstaltete im Oktober 1907 die Galerie Bernheim in Paris mit gegen 400 Handzeichnungen aus der letzten Periode des Meisters; daran schließt sich die Ausstellung in New York mit ca. 200 Blättern. Seit 1888 hat die französische Kunstzeitschrift „La Gazette des Beaux-Arts" einige Male Radierungen von Rodin veröffentlicht. Im Septemberheft 1897 der leider inzwischen wieder eingegangenen Zeitschrift „L'Image" brachte Roger Marx einen schön illustrierten Aufsatz über Rodins Handzeichnungen; die „Plume" hat in ihrem Sonderheft über Rodin ebenfalls eine Reihe von Handzeichnungen, auch Maillot in seiner schon genannten Rodin-Monographie eine gute Auswahl von Handzeichnungen reproduziert. Eine prachtvolle Faksimile-Reproduktion einer Rodinschen Handzeichnung enthält das von Julius Meyer-Graefe 1900 herausgegebene Werk „Germinal". Aber alle diese Publikationen werden durch zwei große Werke in den Schatten gestellt, durch die Frankreich seinen größten Bildhauer würdig und dankbar geehrt hat. Die eine ist gerade jetzt, im November 1907, im Erscheinen begriffen; sie umfasst zwölf Handzeichnungen in der denkbar vollkommensten Faksimile-Reproduktion im Originalformat und wird von der „Gazette des Beaux-Arts" vorbereitet. Dadurch, dass die ehrwürdigste, konservativste Kunstzeitschrift Frankreichs eine derartige Publikation herausbringt, wird der Zeichner Rodin auch in den breitesten Schichten des Publikums sanktioniert. Die andere Publikation Rodinscher Handzeichnungen erschien im Jahre 1897 bei Jean Boussod, Manzi, Joyant & Cie. auf Betreibung und mit Unterstützung eines begeisterten Verehrers Rodins. Sie enthält auf 129 Tafeln 142 Handzeichnungen in Stiftzeichnung, Aquarell und Gouache, die – ohne jede Retusche – in einer bewundernswert vollkommenen Weise reproduziert worden sind. Dieses schöne Werk, das trotz seiner relativ hohen Auflage und trotz seines hohen Preises heute nahezu vergriffen ist, bietet die günstigste Gelegenheit, den Zeichner Rodin verstehen und schätzen zu lernen. Octave Mirbeau hat diesem Buche eine feinsinnige Einführung vorangesetzt:

„*C'est de lui*", schreibt Mirbeau, „*comme une confidence ou, mieux, comme une confession de sa pensée secrète; c'est pour nous comme une promenade à travers les jardins merveilleux de son âme où chaque pas que nous faisons nous conduit devant les fleurs admirables et que nous ne connaissions pas, nous, qui, tant de fois, jardinâmes en ce jardin. A eux seuls, ces dessins suffiraient à la gloire d'un artiste, puisqu'ils ont tout ce qui constitue la beauté : l'invention et la forme. Ce ne sont pas pourtant, la plupart, que le germe de l'œuvre future, le rêve de l'œuvre future, que la main promène sur le papier à la pointe du crayon ou au bec de la plume, avant de le fixer dans la matière dûre où il s'incarnera, immortellement vivant…* "

Sprachen wir vor Rodins Skulpturen schon wiederholt die Namen erlesener Vorfahren aus, vor den Handzeichnungen werden uns die Beziehungen Rodins zu Michelangelo und Géricault noch einmal überzeugend klar.

Die ganz frühen, akademischen Zeichnungen sind natürlich belanglos. Aus diesem ersten pedantischen Stil, in dem er sich unfrei bewegte, nur das Gedächtnis übte, um die Formen überhaupt erst zu erfassen, zu begreifen und sich einzuprägen, arbeitete er sich bald heraus. Michelangelo war sein Führer. Die ersten Zeichnungen, in denen Rodins Seele sich zum Ausdruck durchrang, entsprechen etwa den beiden Aktstudien und den beiden Ansichten der mediceischen Venus von Michelangelo im Musée Condé zu Chantilly, den Aktstudien zur Schlacht bei Cascina in der Albertina und dem Frauenprofil im Louvre. Rodins Zeichnungen tragen genau denselben Charakter. In wenigen Jahren wuchs er weiter. Das anatomisch-typische Gerippe der Formen bereitete ihm keine Schwierigkeiten mehr; er begann zu individualisieren, die tote Masse in lebensvoller Form darzustellen. Man vergleiche die geistreiche Gesamtskizze Michelangelos zur Schlacht bei Cascina in der Albertina, die in leichten Strichen angelegte Komposition zu dem verloren gegangenen Karton, worauf er den Alarm der badenden Soldaten im pisaner Krieg darstellte (Museum Taylor in Haarlem) oder endlich die schönen Zeichnungen Michelangelos in der Kunstsammlung Landsinger in München mit einigen Zeichnungen Rodins aus den achtziger und neunziger Jahren, die hier reproduziert sind – und man wird sehen, wie beide aus derselben freien und reichen Naturanschauung heraus zu einer ähnlichen Technik in der Zeichnung gelangten und wenigstens eine Zeit lang das gleiche Formideal in der Seele trugen. „Etwas Außergewöhnliches, Fremdartiges – etwas vom Blühen der Aloë – liegt in der Tat im Wesen aller echten Kunstwerke", sagt Walter Pater einmal. Dieses Außergewöhnliche und Fremdartige lässt uns Michelangelo und Rodin wie Brüder im Reiche des Geistes erscheinen. Wie Michelangelo alles das in sich zusammenfasste, was das Wesen der mittelalterlichen Kunst ausmachte zum Unterschied von der klassischen Kunst, so fasste Rodin die ganze moderne Kunst seit ihrer Befreiung aus kirchlichen Dogmen zu einer neuen Stileinheit zusammen. Dieselbe krampfhafte Leidenschaft, die in Michelangelos Herzen lohte, ist in Rodins Seele wieder erstanden, allerdings in einer neuen Form, in einem neuen Rhythmus – insofern neu, wie sich der

Zeitengeist gewandelt hat. Das vage Tasten unserer Herzen, das Irren und Suchen unserer Seele im Raume, ihr Hoffen und ihr Dürsten, ihr Jagen und ihr Hasten klingt in den Linien wieder, die Rodin aufs Papier wirft. Aber mehr noch. Auch unsere oft aufflammende Lust, der Zeiten Last und Bürde, die beschwerlichen Traditionen und Konventionen, die uns bedrücken, fortzuwerfen und zur Natur und Vereinfachung des Lebens zurückzukehren, ist in Rodin stark und lebendig. Seine reiche und volle Natur drängte immer weiter vorwärts. Er setzte sich mit allen seinen großen Vorfahren auseinander. In Brüssel hatte er Rubens kopiert. Seine eigenen, malerischen Versuche aus jener Zeit, die eine rein persönliche Bedeutung haben, sind belanglos; aber sie waren für ihn doch ein wertvolles Mittel, tiefer in das Wesen der Malerei einzudringen, sich in die tiefsten Tiefen des großen Lichtzauberers Rembrandt einzufühlen. Rodins Empfindlichkeit für Lichtwerte ist wesentlich auf das eindringliche Studium Rembrandts zurückzuführen. Schon frühe hat Rodin angefangen, in seinen plastischen Werken die Lichtwerte zu berücksichtigen; sein Auge ist heute für interessante und wirkungsvolle Beleuchtungseffekte so geschärft, dass er weder seine Antiken noch seine eigenen Werke in einer unzulänglichen, zu scharfen oder zu neutralen Beleuchtung duldet. Auch die Reproduktionen seiner Plastiken bereiten ihm in dieser Hinsicht fortgesetzt ärgerliche Sorgen. Die Fotografen haben mit ihm harte Arbeit, da Rodin schwer zufriedenzustellen ist und im Allgemeinen gerade das Gegenteil von dem wünscht, was die Durchschnittsfotografen anstreben. Er will seine Skulpturen nicht auf einem weißen oder schwarzen Grunde in hart geschnittenen Konturen reproduziert sehen, sondern weich umflossen von Licht und Luft, wie die Formen ja auch im Äther sanft und milde verschwimmen. Sein Auge ist auf ähnliche Reize eingestellt wie das Auge seines verstorbenen Freundes Eugène Carrière, dessen Kunst er außerordentlich verehrt. Sein jüngerer Freund, der amerikanische Maler und Amateurfotograf Eduard Steichen, der auch für dieses Buch einige schöne Aufnahmen gemacht hat, hat ihn verstanden. Seit Rodin und Druet, der früher für Rodin die besten Ausnahmen machte, sich entzweit haben, sind die Steichenschen Aufnahmen (Abb. 92–101) die einzigen, die Rodin wirklich Freude bereiten.

Rodins Verwandtschaft mit Rembrandt wird uns beim Vergleich der Handzeichnungen beider Künstler klar. Ziehen wir nur etwa den Entwurf zum Raub des Ganymed im Dresdener Kupferstichkabinett zum

Vergleich zu Rodins Zeichnungen zur Geschichte der Psyche heran oder Rembrandts kranke Frau im Münchener Kupferstichkabinett zum Vergleich mit einer der Gouachen von Rodin, die in dem Werke von Goupil und Manzi reproduziert worden sind. In den beiden ersteren dieselbe kärgliche Einfalt der Kunstmittel; in beiden hat die Linie eine musikalische Macht, eine helle Kraft und eine wilde Gewalt bekommen. Der kleine, schwarze Strich wird zum Erlebnis. Der Rhythmus der Linien, ein Reflex seines intensiven Sehens, belebt die Zeichnung wie der Komponist sein Motiv phrasiert. In den Tuschzeichnungen und Gouachen klingen die Farben mit, bringen Luft, Licht, Bewegung in die Flächen. Hier wäre es am Platze, ein paar Worte über Rodins Kalt-Nadel-Radierungen einzuflechten. Es existieren ungefähr zwanzig, in denen Rodin reinlich die Grenzen des Materials innegehalten und mit den Ausdrucksmitteln dieser Kunst persönlich empfundene Wahrheiten in starke Formen gekleidet hat. Die Handzeichnungen Rodins, die auf Rembrandt verweisen, gestatten auch eine weitere Parallele zu Michelangelo. Die Kunst des Andeutens, die Kunst in drei, vier Strichen, in ein paar zauberhaften Linien eine vollendete Form zu geben, eine Welt zu offenbaren, die auf Michelangelos Federzeichnung zum Grabmal Julius II. im Berliner Kupferstichkabinett, auf dem sehr verwetzten Entwurf „Herkules und Antäus" aus Michelangelos letzter Zeit im Museum Taylor in Haarlem so berückend wirkt, ist auch Rodin eigen. Er hat Akte umschrieben in drei, vier Linien, die von einer märchenhaft musikalischen Klangkraft sind. Aber Rodin war hiermit noch nicht am Ende seiner Entwicklung in der Zeichenkunst angelangt. Er drang immer weiter nach Vereinfachung, immer weiter nach Reduzierung der Kunstmittel, gleichzeitig aber immer weiter nach Verinnerlichung. Er war sich selbst noch nicht genug; er wollte die menschlichen Leidenschaften in ihrer ganzen Tiefe erfassen und in ihrer ganzen Nacktheit darstellen und strebte noch nach weiterer Abkürzung, nach einem strafferen und konzentrierteren Aphorismenstil. Er verfolgte die griechische Kunst bis in ihre einfältigsten Anfänge zurück, vertiefte sich in die lapidare und eindringliche Sprache der ägyptischen Grabgemälde und der ägyptischen Rundplastik. Er fühlte die fast erschreckende Wahrheit und Lebendigkeit mykenischer Totenmasken, begriff in mancher der herrlichen Buddhastatuen des Museums Guimet in Paris jene indische Weltanschauung, die den Einzelnen nur als Glied einer Kette auffasst und versenkte sich in das zarte Luchsrot und das tiefe Tannengrün altjapanischer Zweifarbendrucke. Unter diesen Studien vollzog sich langsam eine neue Stilwandlung in Rodins Zeichenkunst, die die letzte Phase seiner Zeichenkunst vorbereitete.

Den Höhepunkt dieser Stilphase erreichte er nach einem seltsamen, fremdartigen Erlebnis. Im Jahre 1904 besuchte der König von Kambodscha, der unter französischem Protektorat sein hinterindisches Königreich regiert, mit seiner Schar von Tänzerinnen, die zu seinem Hofstaat gehören, Frankreich. Alle, die diese fremdländischen Tänzerinnen gesehen haben, sind erfüllt von dem merkwürdigen Zauber dieser Wesen. Es mag wohl sein, dass irgendetwas von der großartigen kulturellen Vergangenheit Kambodschas, die im sechsten bis zwölften Jahrhundert nach Christi in höchster Blüte stand, in diesen Wesen noch lebt. Wenn die reiche Kultur dieses Landes, über die Moura ein wertvolles Buch geschrieben hat und dessen Kunst Poupourville historisch zu würdigen suchte, heute auch zerfallen ist, so haben die Kambodschaner sich doch ihre mongolenähnlichen Rasseneigentümlichkeiten rein bewahrt und von europäischer Kultur sich fast völlig freigehalten. Die zahlreichen Feste, in denen die Kambodschaner ehemals die wildeste Farbenpracht des Orients entfalteten, sind heute nur noch ein müder Abglanz von früher; aber doch müssen diese auf den Europäer noch heute einen berauschenden Zauber ausüben. Bei diesen Festen spielen die Tänzerinnen des Königs eine führende Rolle. Wir Deutschen sprechen bewundernd von der Beredsamkeit der Gesten und Gebärden der romanischen Völker; doch sie muss stümperhaft sein im Vergleich zu der Beredsamkeit der Gesten und Gebärden der Kambodschaner. Eine primitive Einfachheit und Klarheit, eine letzte und unaufdringliche Deutlichkeit muss in ihren Gesten und Gebärden liegen, die Rodin zu einem Erlebnis wurde. Die Kambodschaner sprechen eine Sprache, die nur ein paar Dutzend Europäer verstehen, und doch hat Rodin, dem ihre Lautsprache natürlich fremd blieb, ihre Art und ihr Wesen in ihren letzten Tiefen begriffen. Die vielen hundert Zeichnungen, die er von den Tänzerinnen, von Kambodschanern, von Rani, Sisowath, Ramayana machte, sind aber nicht etwa Porträts; es sind Eindrücke, in denen er uns einerseits die Lebendigkeit und die reiche Farbenpracht, ihren fremden, orientalischen Farbengeschmack, ihre biegsame und feine Grazie schildert, in denen er uns anderseits aber auch über ihr Seelenleben aphoristische Bemerkungen gibt. Auch in diesen uns so fernen und fremden Menschen leben dieselben Gefühle und Empfindungen wie in uns guten Europäern. Und wir begreifen so die ewige Einheit der Seelenwelt. Jene aber stehen in ihrer instinktiven Kultur der Natur näher, sind urwüchsiger und unmittelbarer als wir Hellsichtigen und Intellektuellen. Die Kambodschaner Tänzerinnen waren für Rodin ein bedeutendes Erlebnis, das die Stilwandlung, in der er sich befand, vollendete.

Die leicht angetuschten Handzeichnungen aus den letzten drei Jahren, die sich unmittelbar an die Zeichnungen der Tänzerinnen von Kambodscha (Abb. 100–102) anschließen, gehören zu dem Schönsten, Natürlichsten, Einfachsten, zum Bedeutendsten, was Rodin überhaupt geschaffen hat. Amphore, Kleopatra, Apollo und der Ozean, Toilette der Sirene, Medea, Tempel der Liebe, Daphnis und Chloe, antike Frau, Phryne, kleine Japanerin, Ägypterin sind ein paar Titel, die besagen, in welcher Geistesrichtung sich Rodin bewegte. Diese Titel aber dürfen und sollen niemanden verwirren. Die Handzeichnung, die ein Aphorismus, die Niederschrift eines Gedankens, eines Gesichtes ist, erschöpft das Thema nicht und ist natürlich – dies sei für Laien bemerkt – „nicht ausgeführt" in dem Sinne, wie der Laie „ausgeführt" versteht. Die Titel sollen nichts weiter als dem Laien noch einmal in Buchstaben sagen, was Rodin dem feiner Empfindenden in seinen Handzeichnungen durch Stift und Tusche verständlich genug macht. Sie sollen sagen, dass Rodin hier ein antikes Motiv, dort ein ägyptisches und dort wieder ein indisches oder japanisches Motiv oder eine indische oder japanische Form vorschwebte. In diesen Handzeichnungen lehrt er uns die Antike und den Orient mit ganz neuen Augen sehen; die großen, reinen Linien der Antike und die bewegte und behände Beredsamkeit der orientalischen Körper. Auf eine so einfache und schlichte Formel hat uns noch kein Künstler die orientalische Welt zurückgeführt. Die meisten Zeichnungen sind mit Bleistift rasch aufs Papier geworfen und leicht rot, gelb und blau angetuscht. Auf eine wunderbare Art erreicht er in ihnen eine prachtvolle Plastizität der Formen; durch eine rätselhafte Art der Pinselführung weiß er oft in den angetuschten Flächen Licht- und Schattenwirkung hervorzuheben, so dass die Form in ihrer ganzen Schönheit und Vollendung vor unserem Auge lebendig wird. Die Gesprächigkeit der Gesten ist in diesen kurzen Notizen wundervoll ausgedrückt. Absichtlich wie in seinen Ton- und Wachsstudien sind auch hier der Körper überschlank, die Glieder, die Hände und Füße übergroß gebildet. Der Hauptakzent ist auf das Bewegungsmotiv, auf die Stellung der Glieder in den Gelenken, auf die Stellung der Glieder zum Torso gelegt. Auch hier ist die Natur übertrieben und stilisiert in Rücksicht auf eine Verstärkung des Ausdrucks. Dies ist eine ganz andere Art der Zeichenkunst, als wie Rembrandt und Michelangelo sie pflegten. Wenn wir zum Vergleiche nach Parallelen oder Vorahnungen in der europäischen Kunstgeschichte suchen, so wüsste ich nur einen Künstler zu nennen, der einmal gegen Ende seines Lebens einen ähnlichen Ton anschlug: Théodore Géricault. Von der fundamentalen Bedeutung Géricaults für die gesamte Kunst des neunzehnten Jahrhunderts wurde schon in der Einleitung gesprochen. Die gesamte Kunst des neunzehnten Jahrhunderts ist von ihm und dem Vollender seiner Ideale, Eugène Delacroix, abzuleiten. Die knappe, aphoristische, malerisch so lebendige und beseelte Art der letzten Entwicklungsphase der Rodinschen Zeichenkunst scheint auch schon in Géricault eine Vorahnung zu haben. Eine mit Sepia gehöhte Gouache von Géricault im Museum zu Orleans: „Der Triumph des Silen" und im Museum zu Rouen ein weiblicher Akt in Aquarell vor einen blauen Grund gestellt beweisen das.

Rembrandt und Géricault sind beide tot, sind historische Größen, denen infolgedessen auch jeder Philister die schuldige Ehrfurcht erweist. Rodin aber ist noch nicht 300 Jahre tot. Er lebt mitten unter uns, und daraus glauben gar manche das Recht abzuleiten, an ihm ihre Spottlust kühlen zu dürfen. Kann man dem lebenden Meister nicht auch Gerechtigkeit widerfahren lassen? Hans Wolfgang Singer hat einmal in sehr deutlicher Weise dem Laien den Weg zum Verständnis Rembrandts gezeigt. Der Weg führt nicht nur zum Verständnis Rembrandts, er führt zum Verständnis jedes genialen Meisters.

„Da, wo andere nur eine unangenehme Augenblicksempfindung hatten", schreibt Singer, „erblickte Rembrandt ein Menschenlos. Unbefangen und wahr ist Rembrandt selbstverständlich auch in der Hinsicht, daß er ein ‚Schön' und ein ‚Häßlich' in der Kunst nicht kennt. Gerade das ist der wunde Punkt für das Laienurteil unsrer Zeit, wenn wir auch gegenüber der letzten Generation schon wieder Fortschritte zu einer klareren Scheidung zwischen Kunst und Natur gemacht haben. Für Rembrandt bestand die Kunst in dem Ausdruck einer persönlich empfundenen Wahrheit. Wahr kann man jedem Ding der Natur gegenüber sein, wenn man nur sich selbst gegenüber wahr bleibt. Und da es soweit überhaupt nur auf die Person und die Wahrheit ankommt, so ist es das ‚Wie', das im Kunstwerk den Ausschlag gibt. Ruskin aber und die Förderer des ‚Schönen' klammern sich an das ‚Was'. Sie vollenden dabei einen unerlaubten Gedankengang. Sie springen von der Kunst hinüber zur Natur und verwirklichen sich das, was sie geschildert bekommen haben. In der Kunst handelt es sich nicht um die lebenden Modelle, sondern um das Kunstwerk, und wir haben kein Anrecht auf die Gedankenassoziation, die uns unangenehme Empfindungen in Erinnerung bringt. Die Kunst und die Natur sind zwei verschiedene, oft entgegengesetzte Dinge. Das was Rembrandt als Genie selbst gelang, was übrigens seinem ganzen Zeitalter noch verhältnismäßig leicht fiel, müssen wir uns alle wieder zu erringen suchen; nämlich, unser genießendes Auge einzustellen, in der Natur auf ‚schöne' und ‚häßliche' Menschen, in der Kunst auf ‚gute' und ‚schlechte' Werke."

Die Ausstellung der Rodinschen Handzeichnungen in der Galerie Bernheim im Oktober 1907 hatte nicht nur beim großen Publikum einen durchschlagenden Erfolg; sie brachte dem Meister auch einen bedeutungsvollen Auftrag ein. Als Rodin den Staatssekretär der schönen Künste Dujardin-Beaumetz durch seine Ausstellung führte, klagte ihm Dujardin-Beaumetz, er hätte schon so häufig darüber nachgedacht, welchen Auftrag er Rodin zuweisen könne und bis jetzt niemals etwas gefunden. „Aber heute habe ich eine Idee", fuhr er fort, „ich bin seit langer Zeit ein Bewunderer Ihrer Zeichenkunst; ich glaube in Ihnen sehr starke und eigenartige Ansätze zu einem neuen Monumentalstil der Freskomalerei zu sehen und möchte gern von Ihnen einmal einen Saal ausgemalt haben. Wollen Sie es übernehmen, einen Saal des Klosters Saint-Sulpice auszumalen, in dem, wie Sie wohl wissen, nach dem Umbau das Musée du Luxembourg überführt werden soll?" –

Rodin hat diesen schönen und dankenswerten Auftrag freudig angenommen und ist besonders glücklich darüber, dass er einmal Gelegenheit haben wird, als Freskomaler seine Gedanken- und Formenwelt auszugeben. Man geht wohl kaum fehl in der Vermutung, dass er in diesem Freskenzyklus ein großes Symbol des Lebens schaffen wird, wie er es in seinem Skulpturenwerk schon geschaffen hat.

Rodins Zeichenkunst hat die jüngeren Künstler Frankreichs begreiflicherweise mit starker Begeisterung erfüllt. Aber diese Begeisterung hat leider doch manche auf schlimme Pfade geführt: Sie abstrahieren aus Rodins Kunst, die der Ausdruck eines inneren Kampfes ist, die

Theorie der Bravour und gebrauchen seine Mittel, ohne die Amplitüde seiner Empfindungswelt, ohne seine Seelengröße. Einige Maler vergrößern und vergröbern seine Handzeichnungen ums Zehnfache, und geben sie als Bilder aus. Ein Grausen erfasst den Kunstfreund; doch man kann das Genie nicht verantwortlich machen dafür, dass kleinere Geister sich an seine Fersen heften, ihn missverstehen und karikieren. Es sei hier ausdrücklich noch einmal betont, Rodins Handzeichnungen (Abb. 103 u. 104) sind Aphorismen, Notizen, Bewegungs-, Gestikulations-, Form- und Farbenstudien, schnell hingeworfene Beobachtungen, Gedanken und Gesichte. Wenn wir sie bewundern, bewundern wir sie als solche; aber nicht in dem heimlichen Wunsche, sie als Bilder vergrößert und vergröbert zu sehen.

Der Bildhauer Rodin hat würdigere Nachfolger gefunden. Von seinen Nachahmern, deren Zahl nicht gering ist, verlohnt es nicht der Mühe zu sprechen. Seine Fortsetzer haben den Impressionismus in der Plastik weiter ausgebaut. Der Finnländer Vallgren, der russische Fürst Troubetzkoi stehen hier in erster Reihe; auch sie haben die glatten Flächen zerrissen, differenzieren das Niveau, arbeiten mit Buckeln und Höhlungen, lassen über die Buckel das Licht tanzen und vergraben die Höhlungen ins Dunkle. In ihren Bronzearbeiten haben sie diesem Prinzip manche neue Lösungen abgerungen. Die Franzosen Bourdelle, Fix Masseau und Voulot bewegen sich in derselben Richtung. Der Italiener Medardo Rosso verfeinert das gleiche Prinzip; geschmeidig, weich und zart sind seine Arbeiten; dem Lichtspiel auf seinen Skulpturen ist jede Herbheit und Härte genommen. Henri Matisse, in dem die jüngste französische Malergeneration ihren Führer sieht, ist in seinen Skulpturen ähnliche Wege wie Rosso gegangen. Seine Figuren sind in die fliehenden Schatten der Atmosphäre getaucht, auch er ist wie Rosso der Meister der Fragmente, in denen der Umriss sich weich verwischt und das Fleisch als Materie das Schönste ist. Der Norweger Gustav Vigeland, auf den Stanislas Przybyszewski schon vor elf Jahren die Aufmerksamkeit der Deutschen lenkte, hat Rodins Art eine neue Note hinzugefügt. Auch Vigelands Skulpturen sind der Ausdruck eines inneren Kampfes. Eine hochdramatische Note, die Ekstase der Liebe, das Kreischen der Lebensangst ist das Zeichen seiner Kunst. Auch er geht ganz von malerischen Gesichtspunkten aus; formal knüpft er an das Gotische in Rodins Kunst an. Hier hat auch der Belgier George Minne eingesetzt. Er hat sich ganz in den gotischen Geist versenkt und aus ihm heraus eine Reihe unendlich feiner, durchseelter Skulpturen von zarter, keuscher und leidender Grazie geschaffen.

Dann trat eine Reaktion auf den Plan, die noch zu jung ist, die noch zu sehr im Werden ist, deren Resultate noch zu gering sind, als dass man über sie schon heute zu einem definitiven Urteil gelangen könnte. Rodins Prinzip von den Buckeln und Höhlungen ist bis in die letzten Möglichkeiten ausgebaut worden; er selbst deutet ja in seinen letzten Handzeichnungen, die auf die frühgriechische Kunst, auf ägyptische und assyrische Vorbilder zurückgehen, eine Reaktion an. Hier knüpfte Aristide Maillol an. Die beiden Aktstudien Rodins, die hier reproduziert sind, mögen etwa den Ausgangspunkt dieser Entwicklung andeuten. Die Linie drängt sich in Aristide Maillol wieder zu neuer Herrschaft vor. Aber es ist jetzt nicht mehr die kalte und tote, klassizistische Linie des David d'Angers, Canova und Thorwaldsen, es ist eine aus eigenem Erleben, aus einem differenzierten Empfinden, aus neuer und eigenartiger Naturbetrachtung sich heraushebende Kunst der Linie, ein durch viele und reiche Erfahrungen geläutertes Kunstprinzip. Albert Marque folgt Maillol in dieser Richtung; auch der deutsche Bernhard Hötger schließt sich der gleichen Entwicklung an. Wenn diese drei und ihre Genossen mehr oder minder noch zu sehr von frühgriechischen oder assyrischen Vorbildern abhängen, so ist doch genug Vertrauen in ihre Begabungen zu setzen, dass sie im Laufe der Jahre ihre Talente fruchtbar für die Skulptur betätigen, der Plastik neue Aussichten und Ziele eröffnen und Träger eines neuen Ideals werden.

Abbildungsverzeichnis

Aktstudie zum Balzac 101
Alte Frau 91
Apollo zerteilt die Wolken 87
Artstudie 139
Auferstehung des Geizes und der Sinnlichkeit 132
Aufruf zu den Waffen 88
Auguste Rodin unter seiner Skulptur: Der Denker 4
Balzac .... 100, 101 und 102
Bhryne 139
Bruder und Schwester in einem Felsen 113
Bruder und Schwester 114
Büste Balzacs 102
Das eherne Zeitalter 84
Das erste Begräbnis 117
Das Erwachen 109
Das ewige Idol 106
Das Gebet des verlorenen Sohnes 111
Denkmal des Präsidenten Sarmiento 87
Denkmal für Bastien-Lepage 86
Denkmal für Victor Hugo. Drittes Projekt 127
Denkmal für Victor Hugo. Erstes Projekt 126
Der Denker 133
Der Frühling 105
Der Gedanke 100
Der Kuß des Engels 115
Der Kuß 103
Der Kuß 104
Der Mann mit der zerbrochenen Nase 83
Der Mönch aus den Bürgern von Calais 89
Der Schreitende. Aktstudie zu „Johannes der Täufer" 86
Die Badende 112
Die Blüte 110
Die Bürger von Calais .... 88 und 89
Die Danaide 110
Die Dorfbraut 99
Die drei Schatten 130
Die Erde 119
Die Karyatide 119
Die Liebe und das Kind 116

Die Natur 113
Die Nereiden. Rückseite des Victor Hugo-Denkmals.
Drittes Projekt .... 127 und 128
Die Parze und die Genesende 121
Die Säule der Lebensalter 118
Die Schönheit 117
Die Seelen im Höllenfeuer 133
Die Tochter des Ikarus 122
Die Überwältigung. Erste Studie 123
Die Überwältigung. Zweite Studie 123
Die Verzweiflung 108
Die Weinende 91
Die Winzerin 99
Eva nach dem Sündenfall 107
Frauenbüste 98
Frauenmaske 96
Gipsskizzen .... 124 und 125
Gipsstudie 124
Handstudien 90
Handzeichnungen .... 135, 136 und 137
Johannes der Täufer 85
Junges Mädchen vertraut ihr Geheimnis einem Schatten an 131
Kambodschaner Tänzerin 138
Kopfstudie 125
Krönungsgruppe für den Turn der Arbeit 134
La Sphynge 115
Liebesspiel 118
Porträtbüste der Frau R … 96
Porträtbüste eines Amerikaners 95
Porträtbüste von Alexandre Falguière 94
Porträtbüste von Antonin Proust 92
Porträtbüste von Henri Rochefort 93
Porträtbüste von Jean Paul Laurens 92
Porträtbüste von Jules Dalou 94
Porträtbüste von Mrs. J. W. S., New York 97
Porträtbüste von Puvis de Chavannes 93
Porträtbüste von Victor Hugo 95
Rodin auf einer Bank sitzend zeichnet 139
Rodins Villa und Atelier in Meudon bei Paris 140
Sapphos Tod 120
Satyr und Nymphe 121
Studie für die Iris am Victor Hugo-Denkmal 128
Studien zum Höllentor 129
Triton und Sirene 116
Ugolino 130

Abbildungen

Abb. 1. Der Mann mit der zerbrochenen Nase

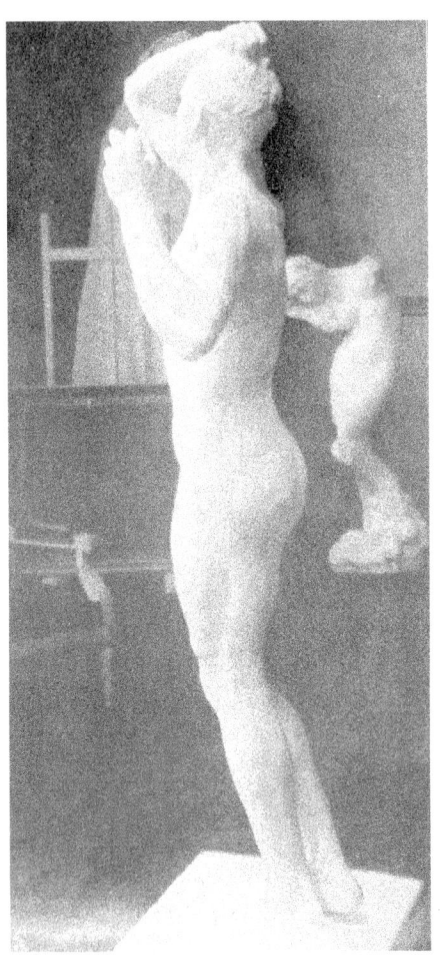
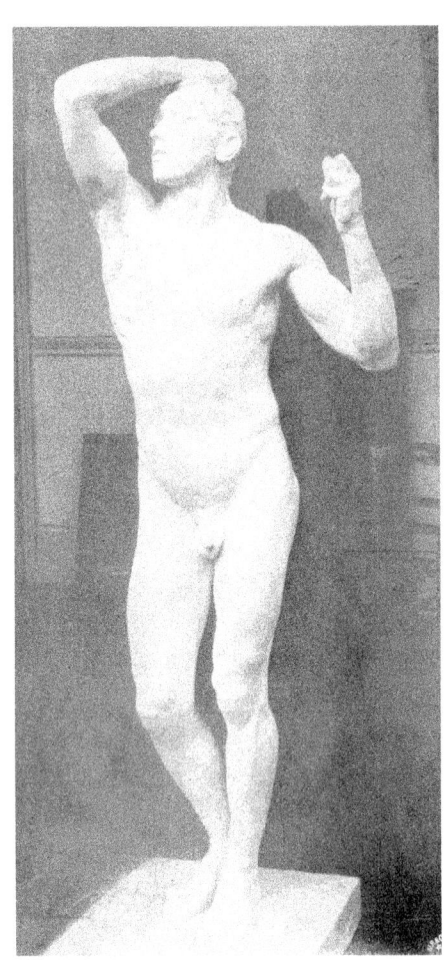

Abb. 2. Das eherne Zeitalter   *Abb. 3. Das eherne Zeitalter*

Abb. 4. Johannes der Täufer   *Abb. 5. Johannes der Täufer*

Abb. 6. Der Schreitende. Aktstudie zu „Johannes der Täufer"

Abb. 7. Denkmal für Bastien-Lepage

Abb. 8. Denkmal des Präsidenten Sarmiento

Abb. 9. Apollo zerteilt die Wolken: Sockel des Sarmiento-Denkmals

Abb. 10. Aufruf zu den Waffen

Abb. 11. Die Bürger von Calais

Abb. 12. Die Bürger von Calais

Abb. 13. Der Mönch aus den Bürgern von Calais

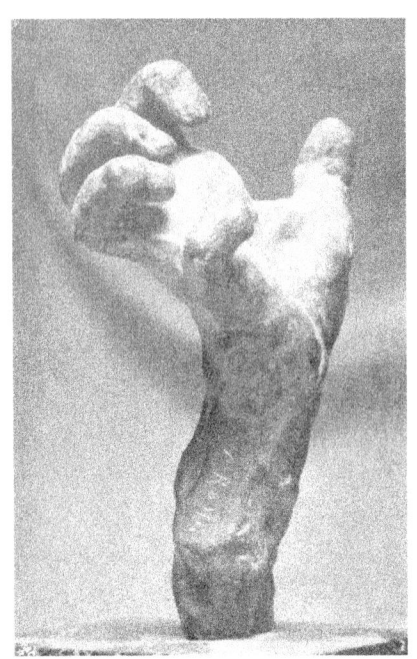

Abb. 14. Handstudie

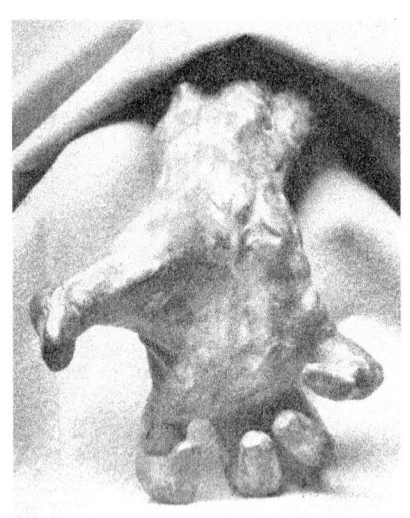

Abb. 15. Handstudie

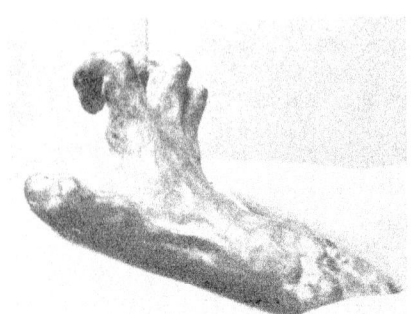

Abb. 16. Handstudie

Abb. 17. Alte Frau

Abb. 18. Die Weinende

Abb. 19. Porträtbüste von Antonin Proust

Abb. 20. Porträtbüste von Jean Paul Laurens

Abb. 21. Porträtbüste von Puvis de Chavannes

Abb. 22. Porträtbüste von Henri Rochefort

Abb. 23. Porträtbüste von Alexandre Falguière

Abb. 24. Porträtbüste von Jules Dalou

Abb. 25. Porträtbüste von Victor Hugo

Abb. 26. Porträtbüste eines Amerikaners

Abb. 27. Frauenmaske

Abb. 28. Porträtbüste der Frau R...

Abb. 29. Porträtbüste von Mrs. J. W. S., New York

Abb. 30. Frauenbüste

Abb. 31. Die Dorfbraut

Abb. 32. Die Winzerin

Abb. 33. Bellona

Abb. 34. Der Gedanke

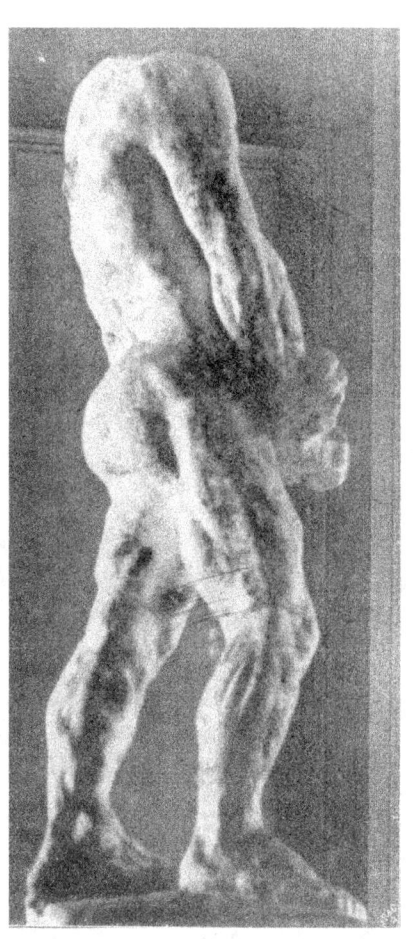 

Abb. 35. Aktstudie zum Balzac   *Abb. 36. Balzac*

Abb. 37. Balzac

Abb. 38. Büste Balzacs

Abb. 39. Der Kuß

Abb. 40. Der Kuß

Abb. 41. Der Frühling

Abb. 42. Das ewige Idol

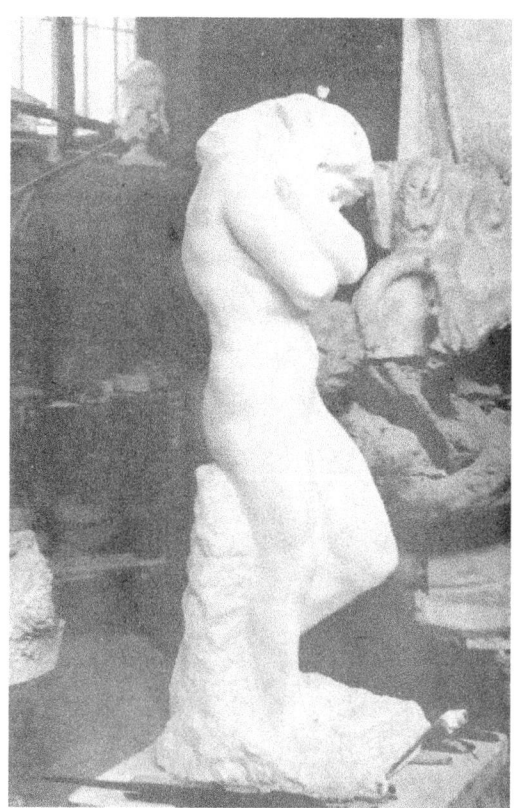

Abb. 43. Eva nach dem Sündenfall

Abb. 44. Eva nach dem Sündenfall

Abb. 45. Die Verzweiflung

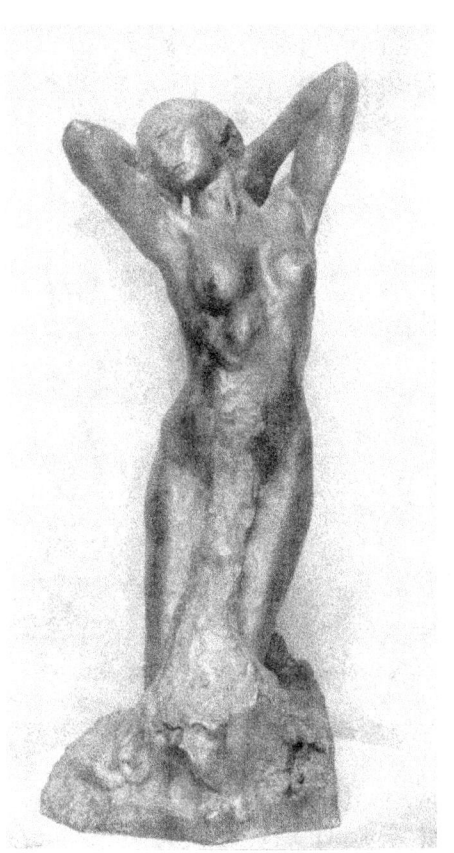

Abb. 46. Das Erwachen

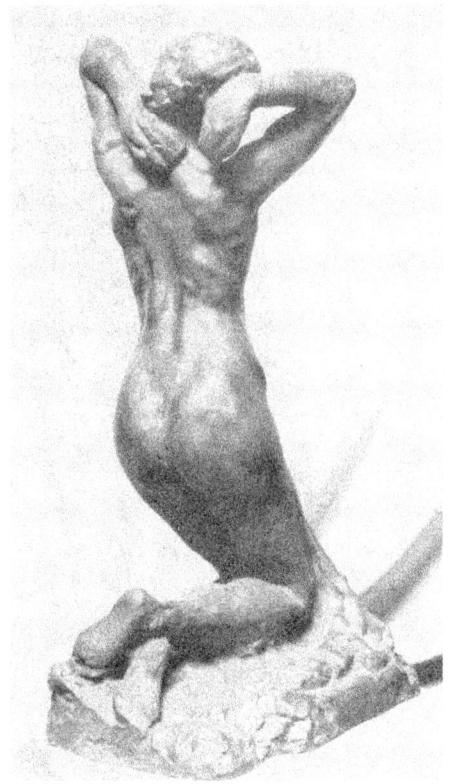

Abb. 47. Das Erwachen

Abb. 48. Die Danaide

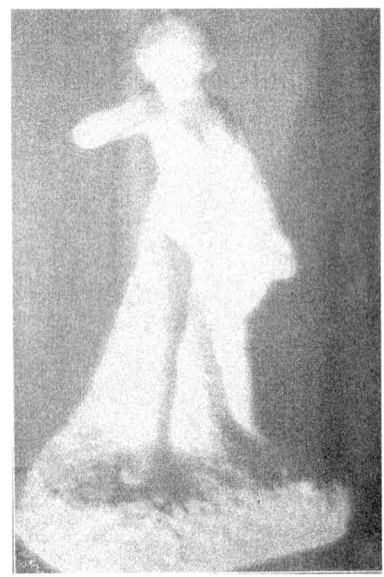

Abb. 49. Die Blüte

Abb. 50. Das Gebet des verlorenen Sohnes

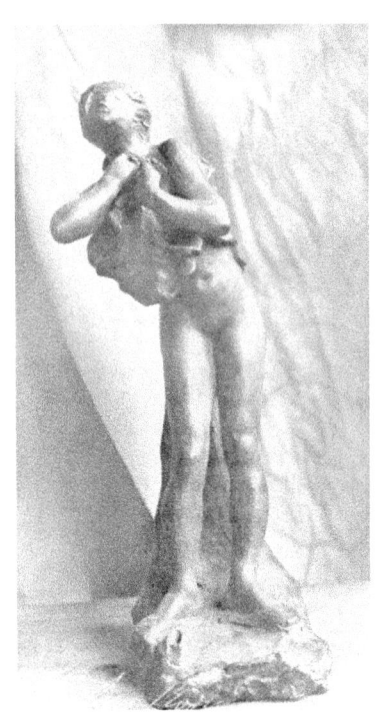

Abb. 51. Die Badende

Abb. 52. Die Badende

Abb. 53. Bruder und Schwester in einem Felsen

Abb. 54. Die Natur

Abb. 55. Bruder und Schwester

Abb. 56. La Sphynge

Abb. 57. Der Kuß des Engels

Abb. 58. Triton und Sirene

Abb. 59. Die Liebe und das Kind

Abb. 60. Das erste Begräbnis

Abb. 61. Die Schönheit

Abb. 62. Die Säule der Lebensalter

Abb. 63. Liebesspiel

Abb. 64. Die Karyatide

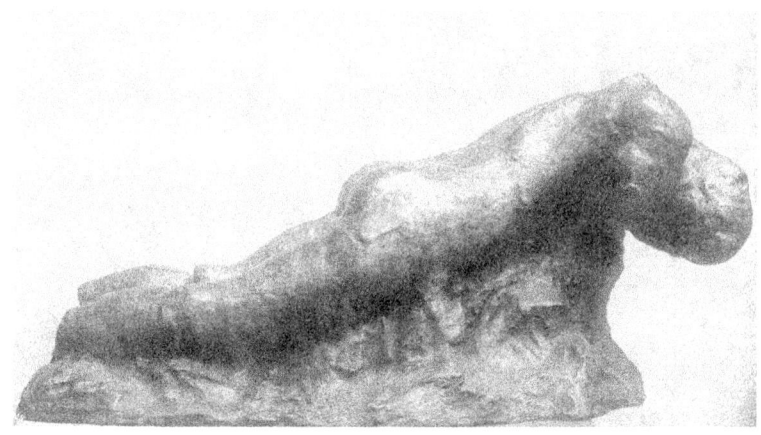

Abb. 65. Die Erde

Abb. 66. Sapphos Tod

Abb. 67. Satyr und Nymphe

Abb. 68. Die Parze und die Genesende

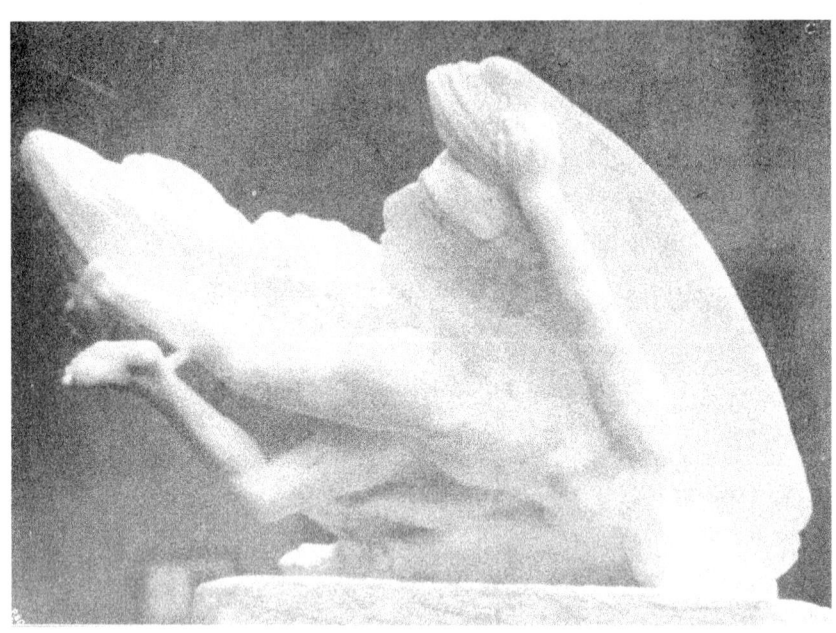

Abb. 69. Die Tochter des Ikarus

Abb. 70. Die Überwältigung. Erste Studie

Abb. 71. Die Überwältigung. Zweite Studie

Abb. 72. Gipsstudie

Abb. 73. Gipsskizze

Abb. 74. Gipsskizze

Abb. 75. Gipsskizze

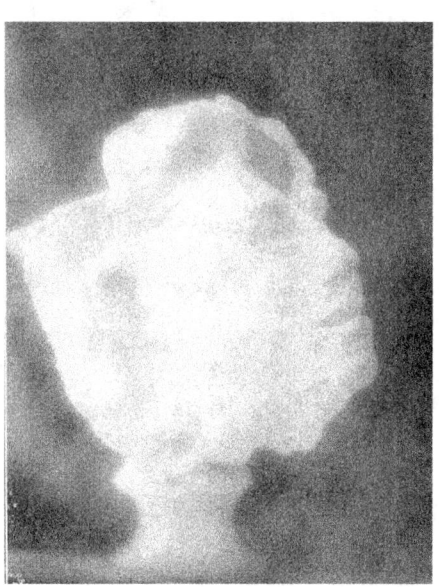
Abb. 76. Kopfstudie

Abb. 77. Denkmal für Victor Hugo. Erstes Projekt

Abb. 78. Denkmal für Victor Hugo. Drittes Projekt

Abb. 79. Die Nereiden. Rückseite des Victor Hugo-Denkmals.
Drittes Projekt

Abb. 80. Die Nereiden. Rückseite des Victor Hugo-Denkmals. Drittes Projekt

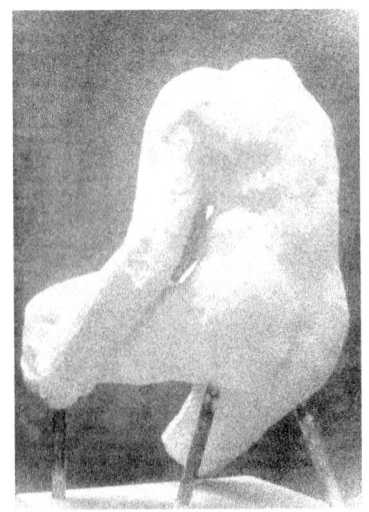

Abb. 81. Studie für die Iris am Victor Hugo-Denkmal

Abb. 82 u. 83. Studien zum Höllentor

Abb. 84. Die drei Schatten

Abb. 85. Ugolino

Abb. 86. Junges Mädchen vertraut ihr Geheimnis einem Schatten an

Abb. 87. Auferstehung des Geizes und der Sinnlichkeit

Abb. 88. Auferstehung des Geizes und der Sinnlichkeit

Abb. 89. Die Seelen im Höllenfeuer

Abb. 90. Der Denker

Abb. 91. Krönungsgruppe für den Turn der Arbeit

Abb. 92. Handzeichnung

Abb. 93. Handzeichnung

Abb. 94 u. 95. Handzeichnungen

Abb. 96. Handzeichnung

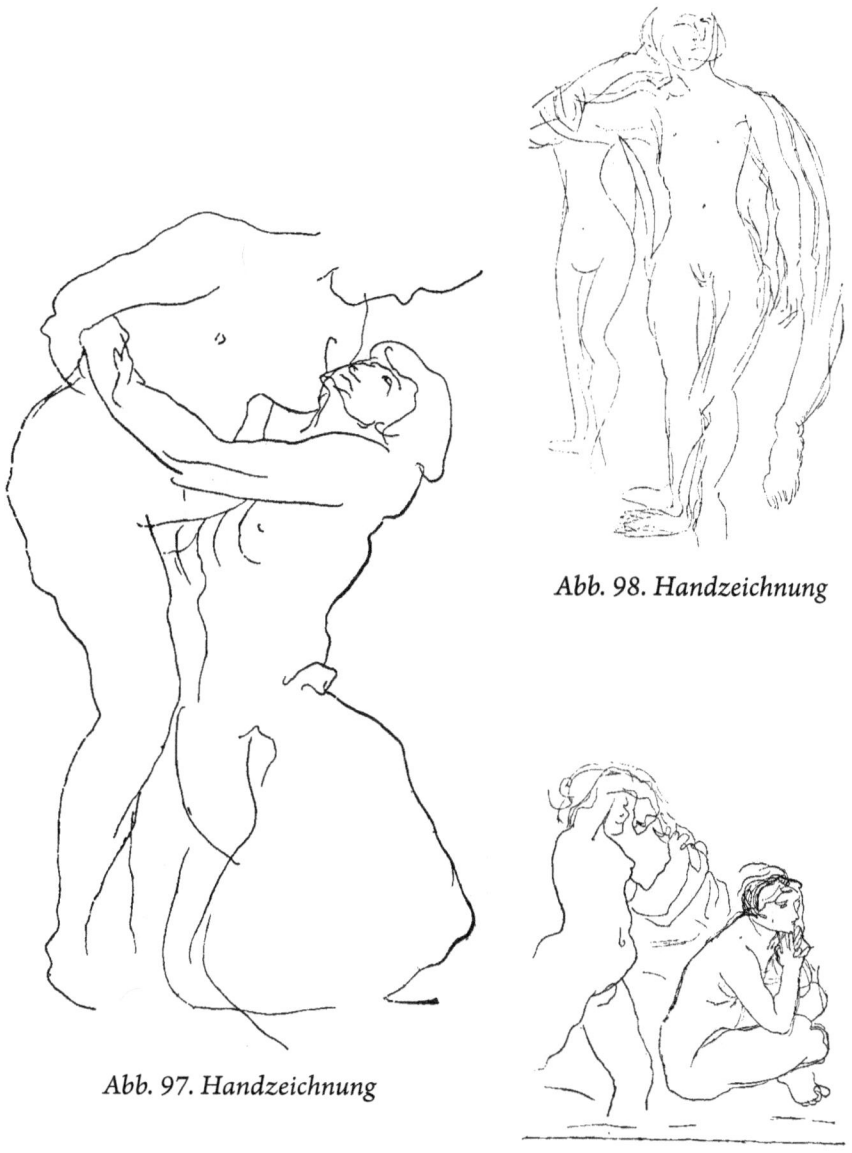

Abb. 97. Handzeichnung

Abb. 98. Handzeichnung

Abb. 99. Handzeichnung

Abb. 100. Kambodschaner Tänzerin

Abb. 101. Kambodschaner Tänzerin

Abb. 102. Rodin auf einer Bank sitzend zeichnet in Marseille Kambodschaner Kinder

Abb. 104. Artstudie   Abb. 103. Bhryne

Abb. 106. Rodins Villa und Atelier in Meudon bei Paris

www.ingramcontent.com/pod-product-compliance
Lightning Source LLC
Chambersburg PA
CBHW051543230426
43669CB00015B/2703